Todos los animales Libro para colorear grande y pequeño

Young Scholar

Young Scholar
An imprint of Ciparum LLC

Todos los animales Libro para colorear grande y pequeño
© 2017 Ciparum LLC
All rights reserved.
ISBN-10:1-63589-242-2
ISBN-13:978-1-63589-242-0

www.youngscholar.co

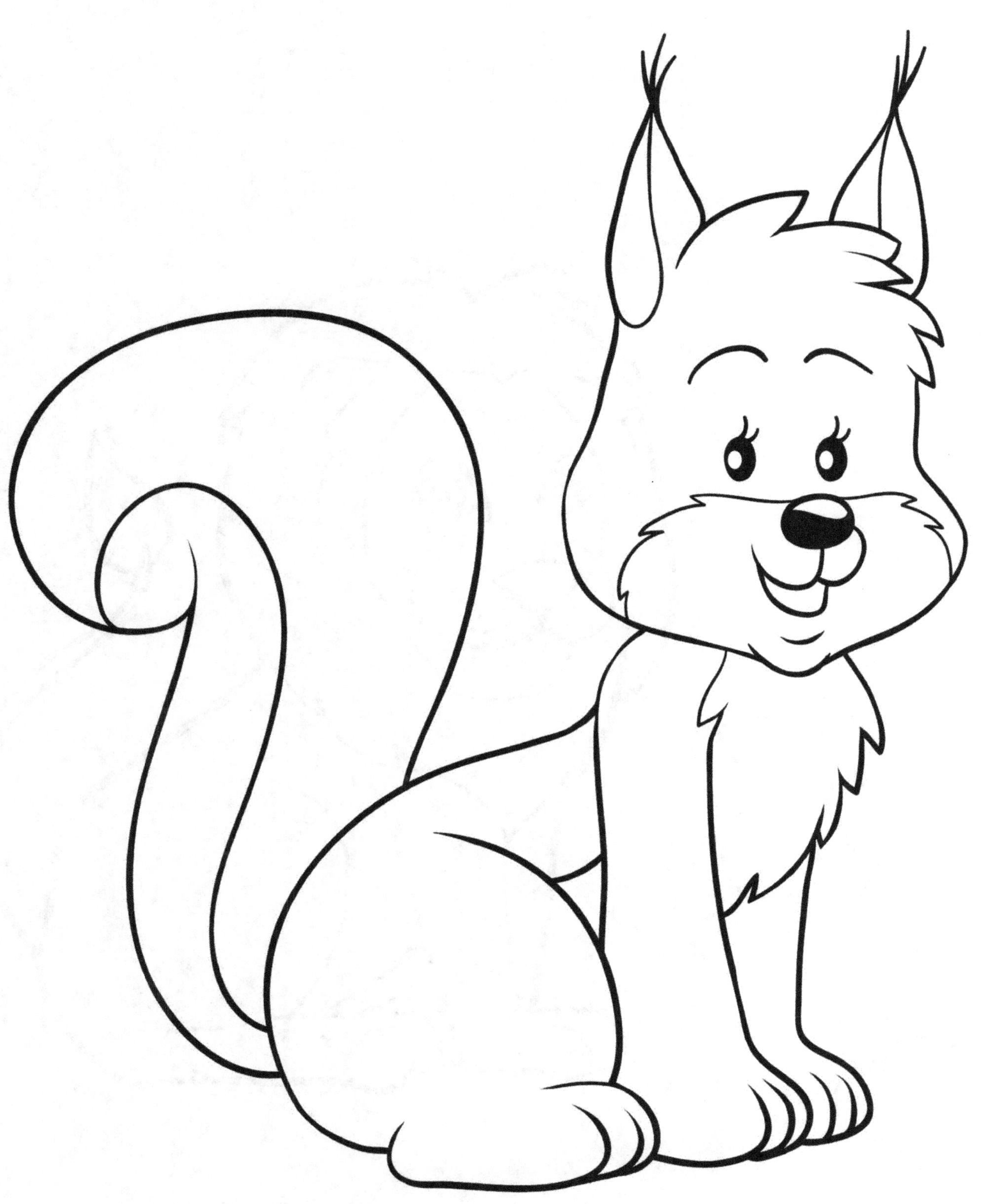

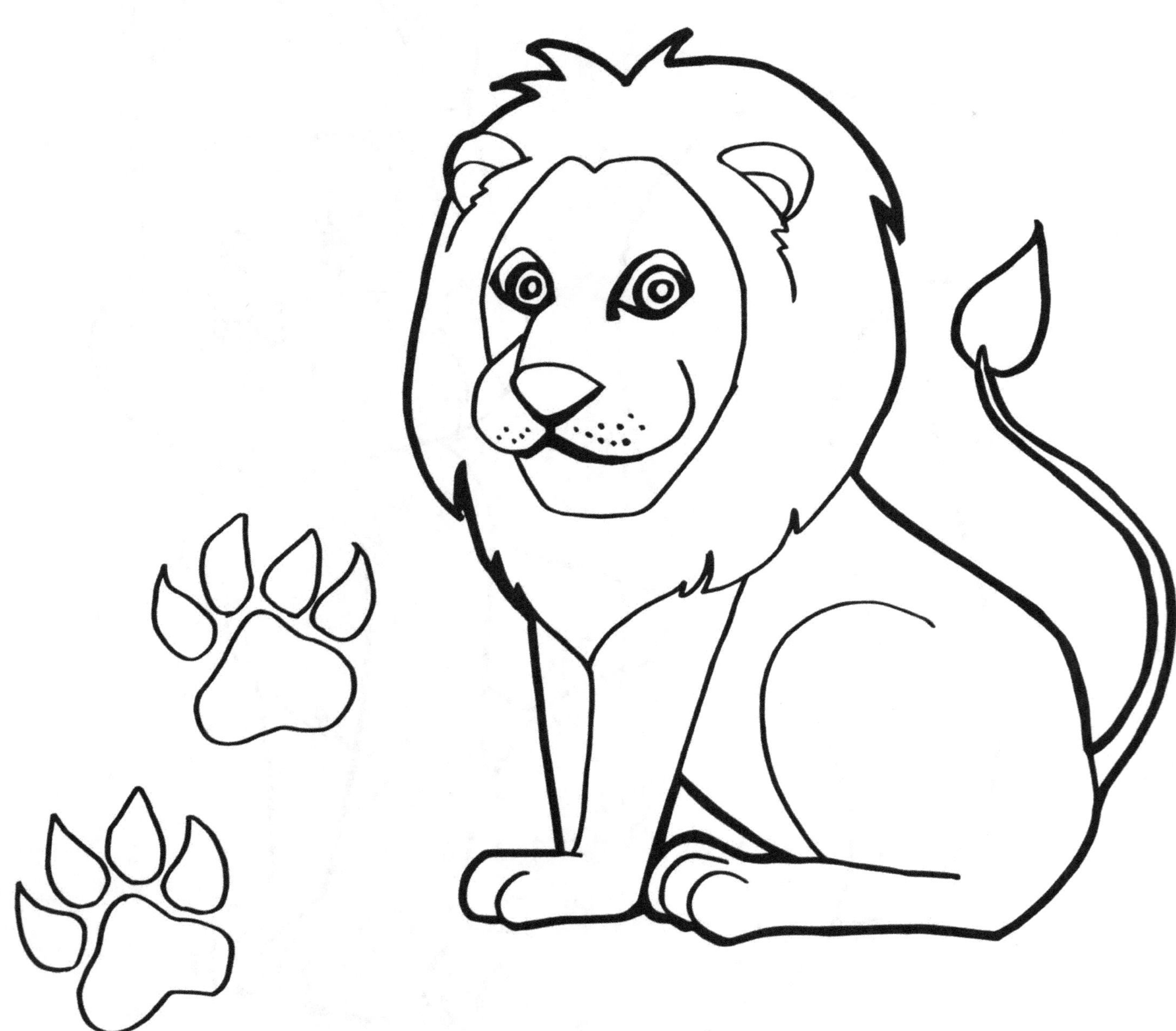

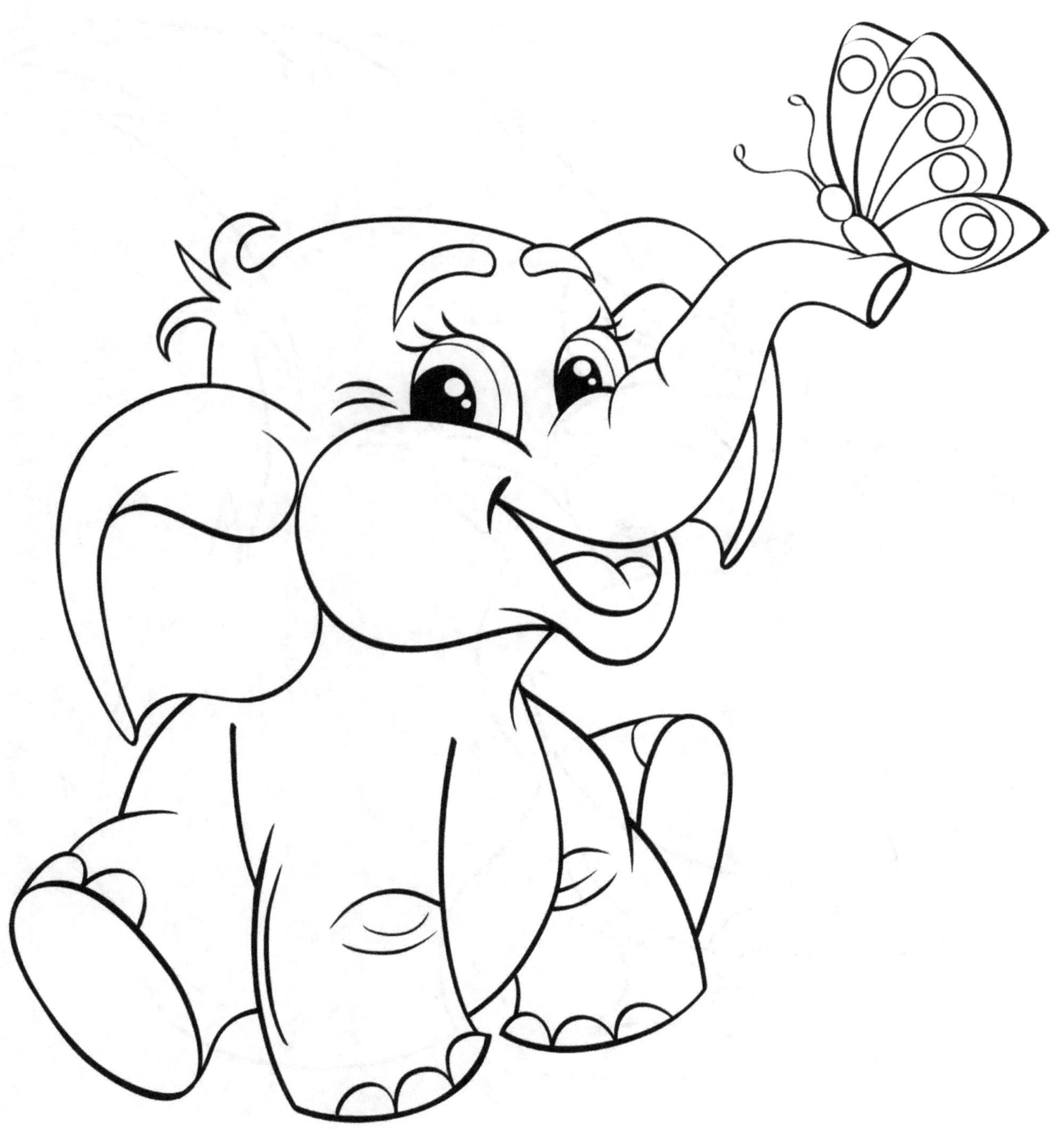

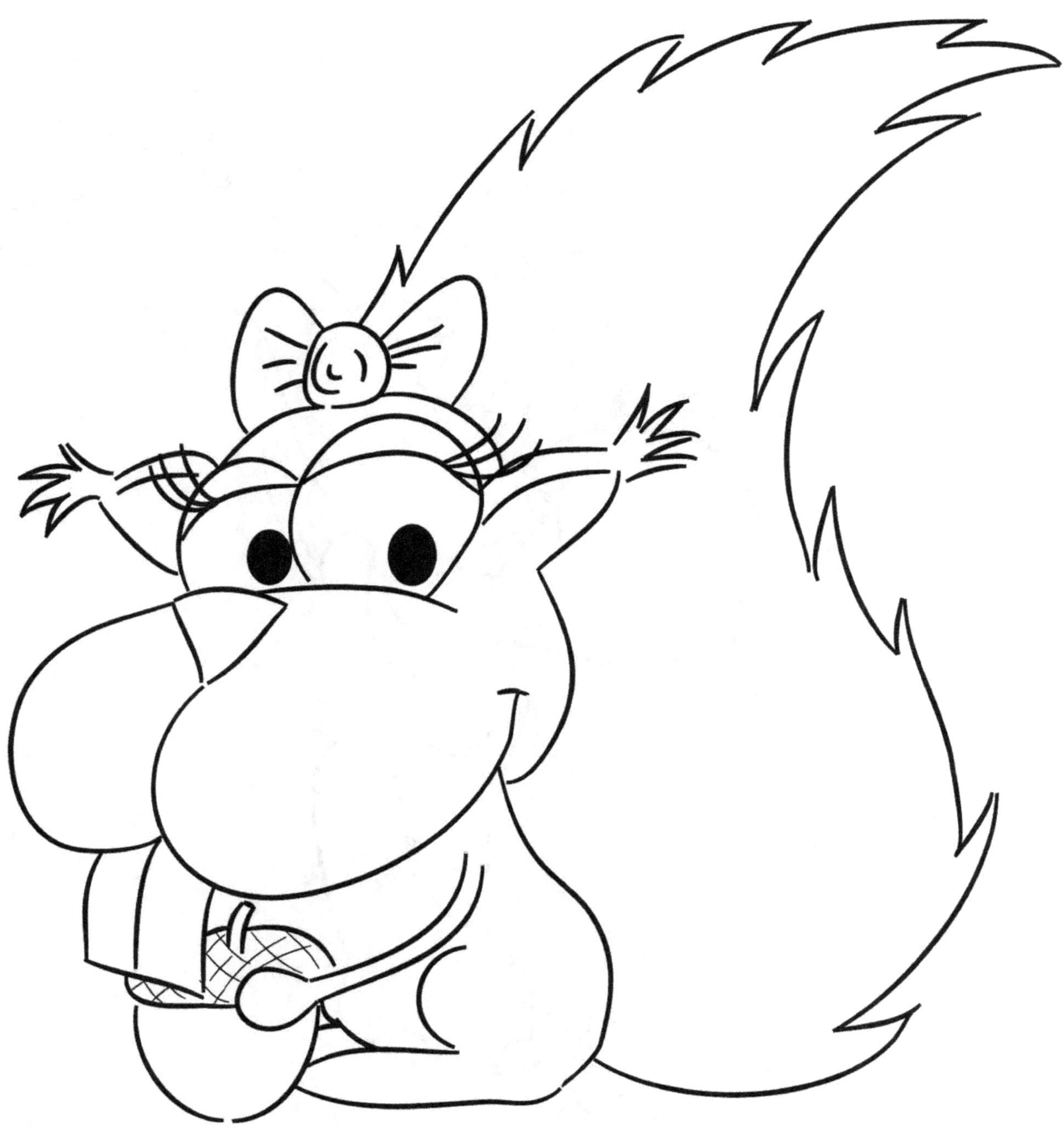

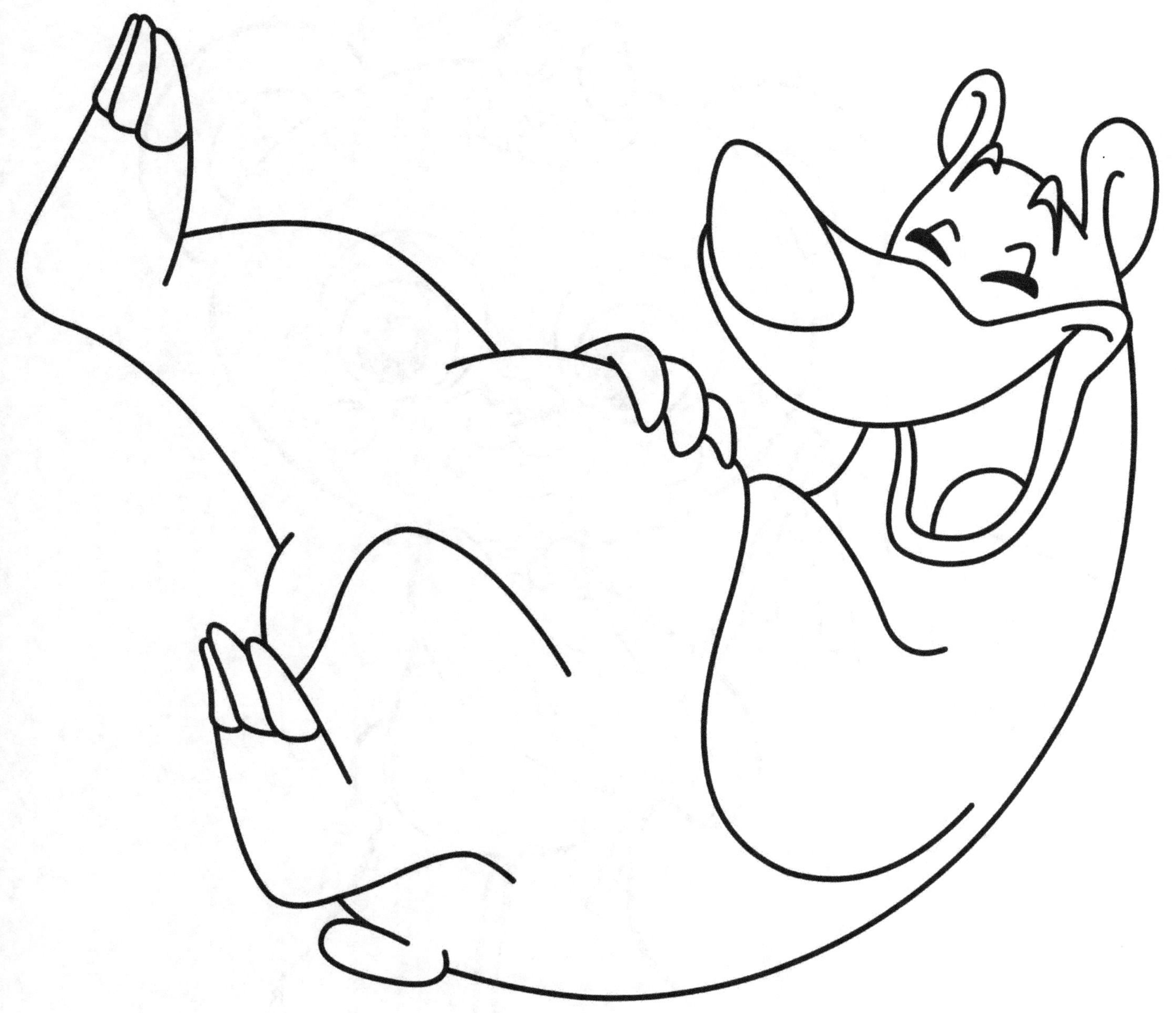

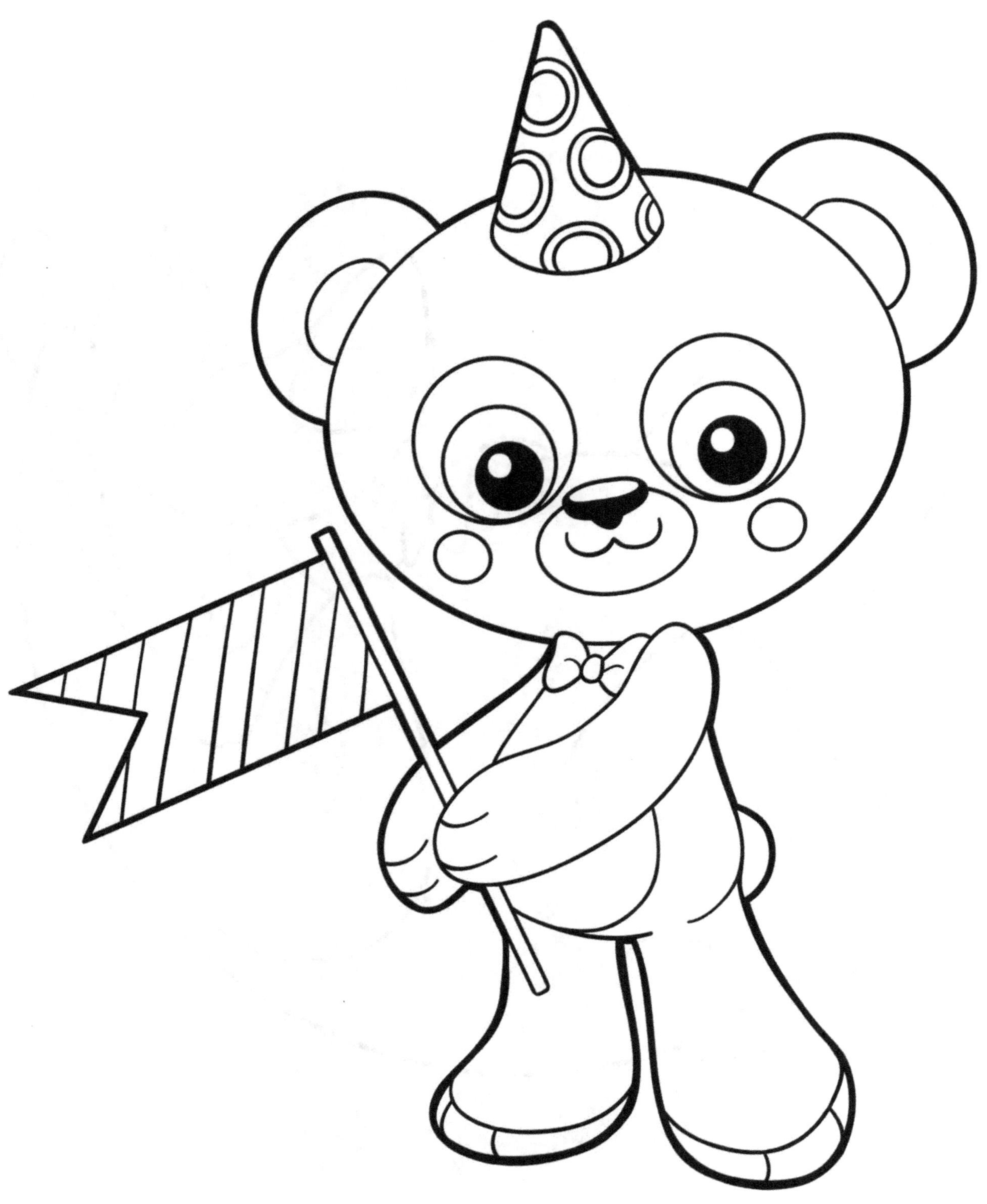

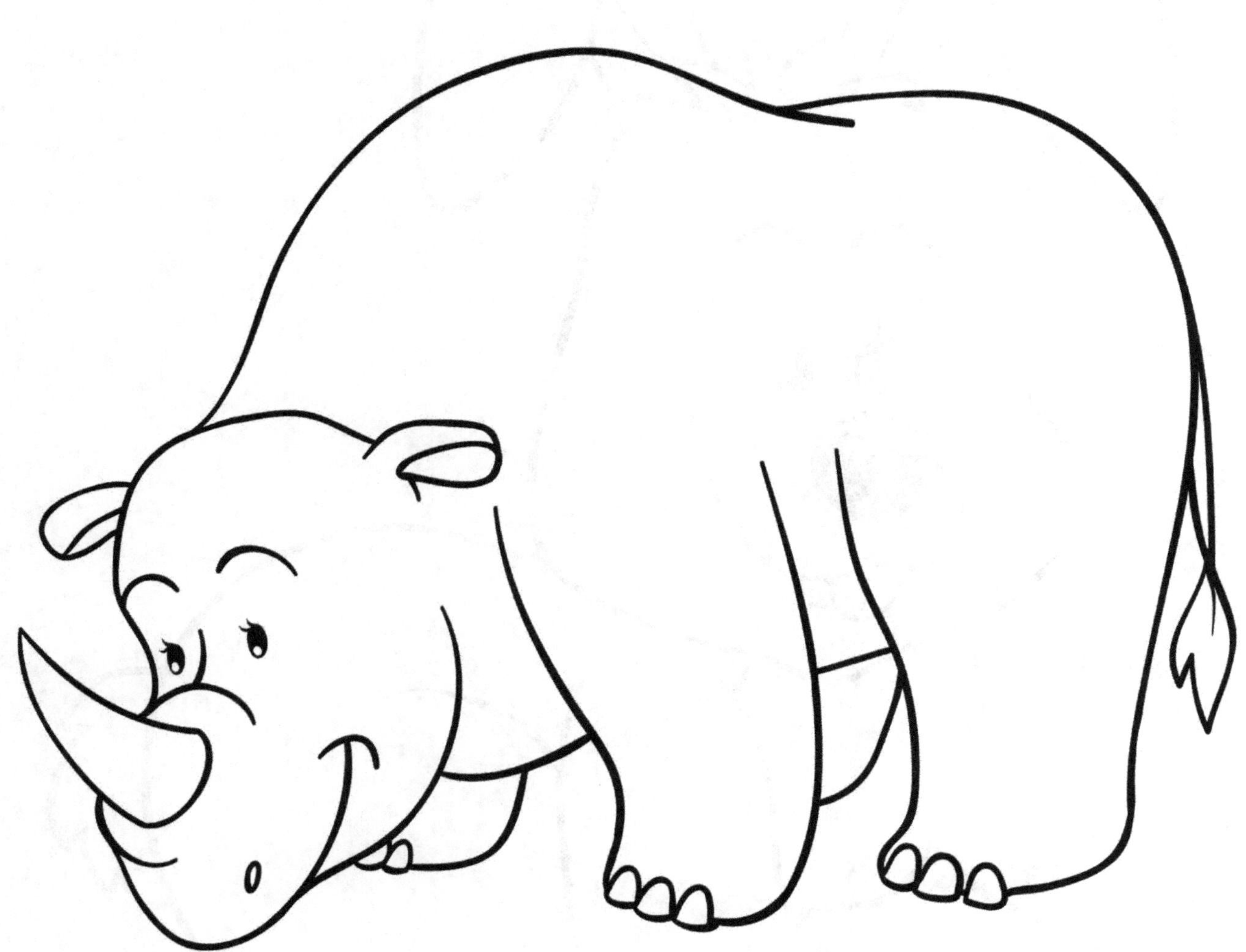

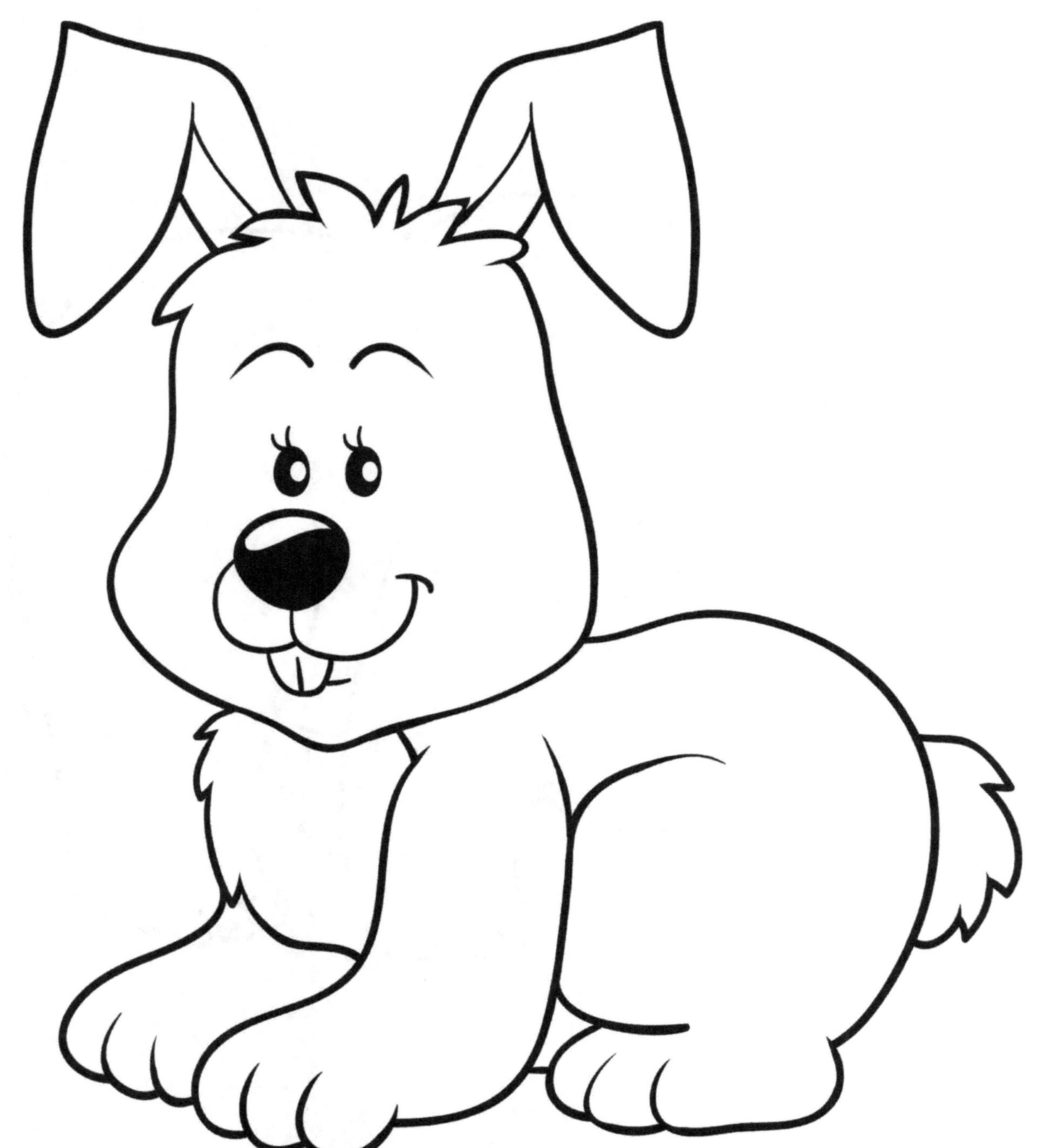

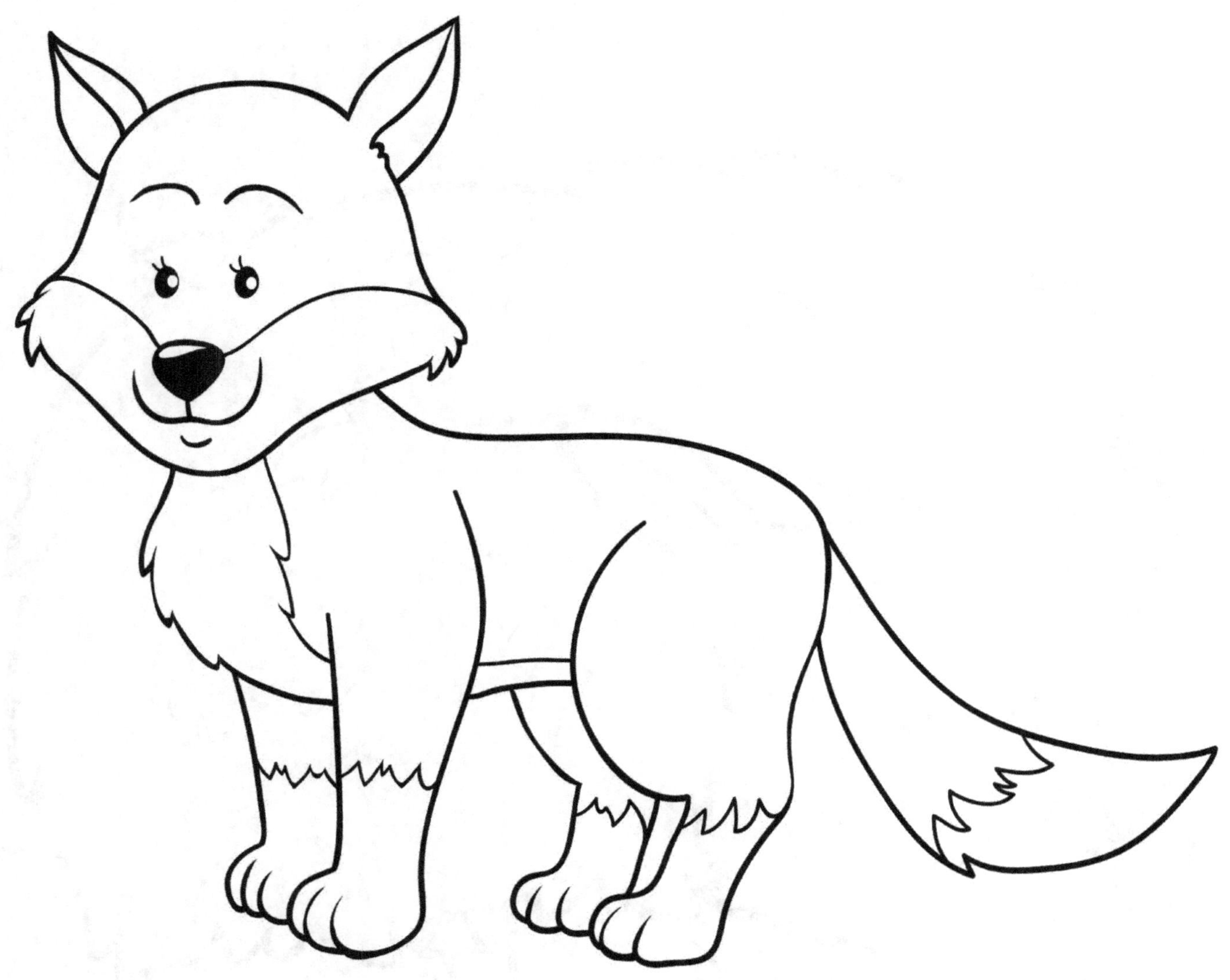

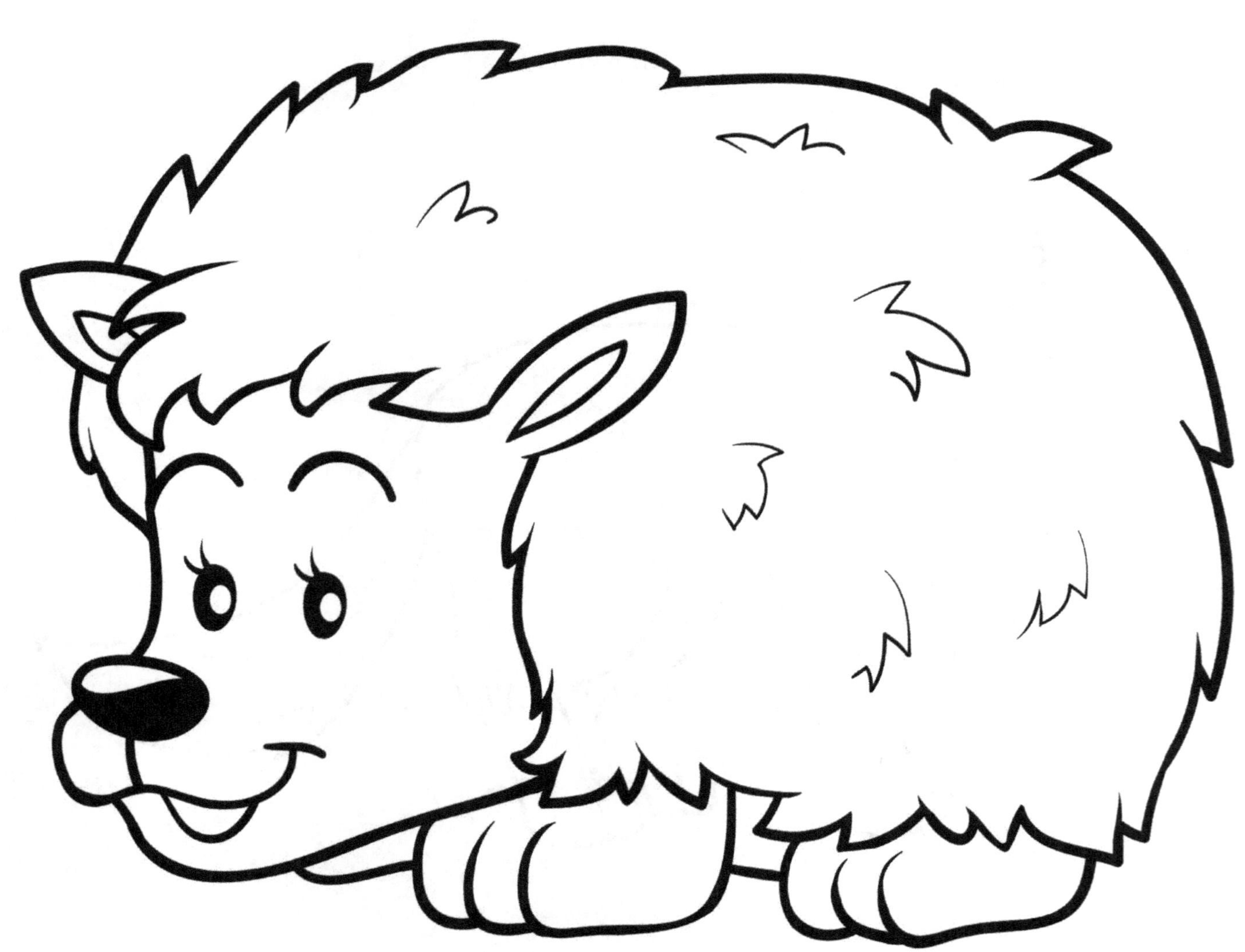

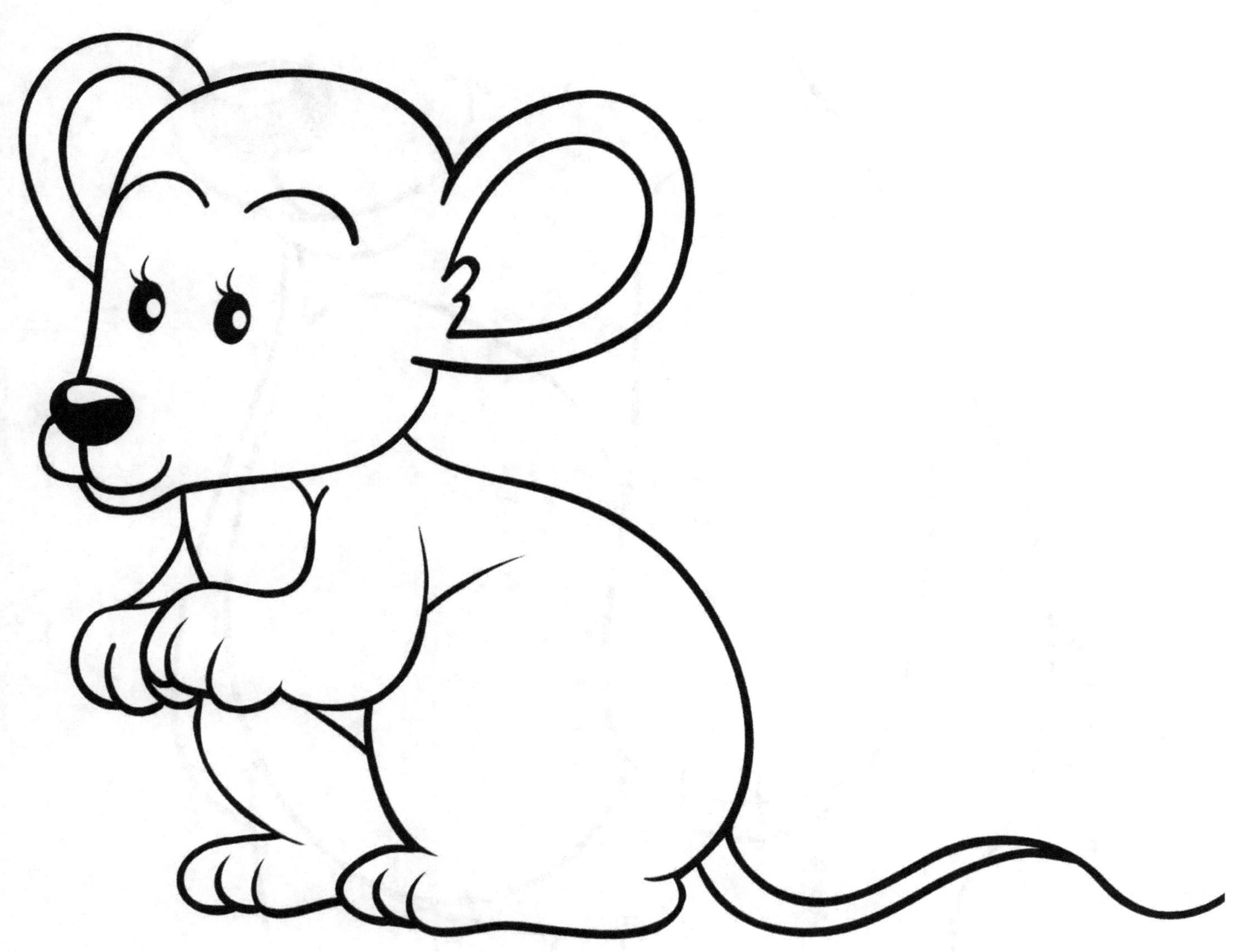

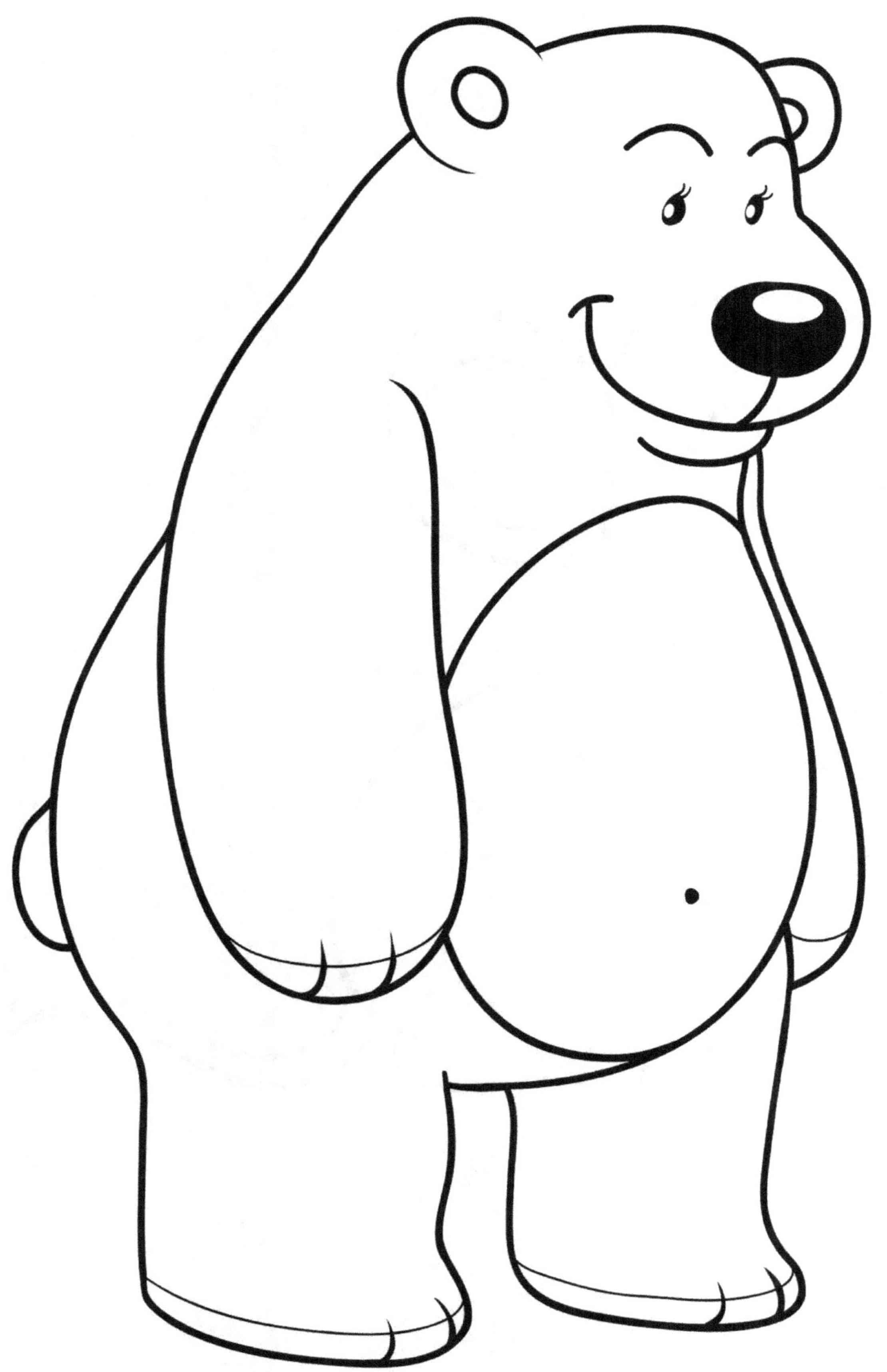

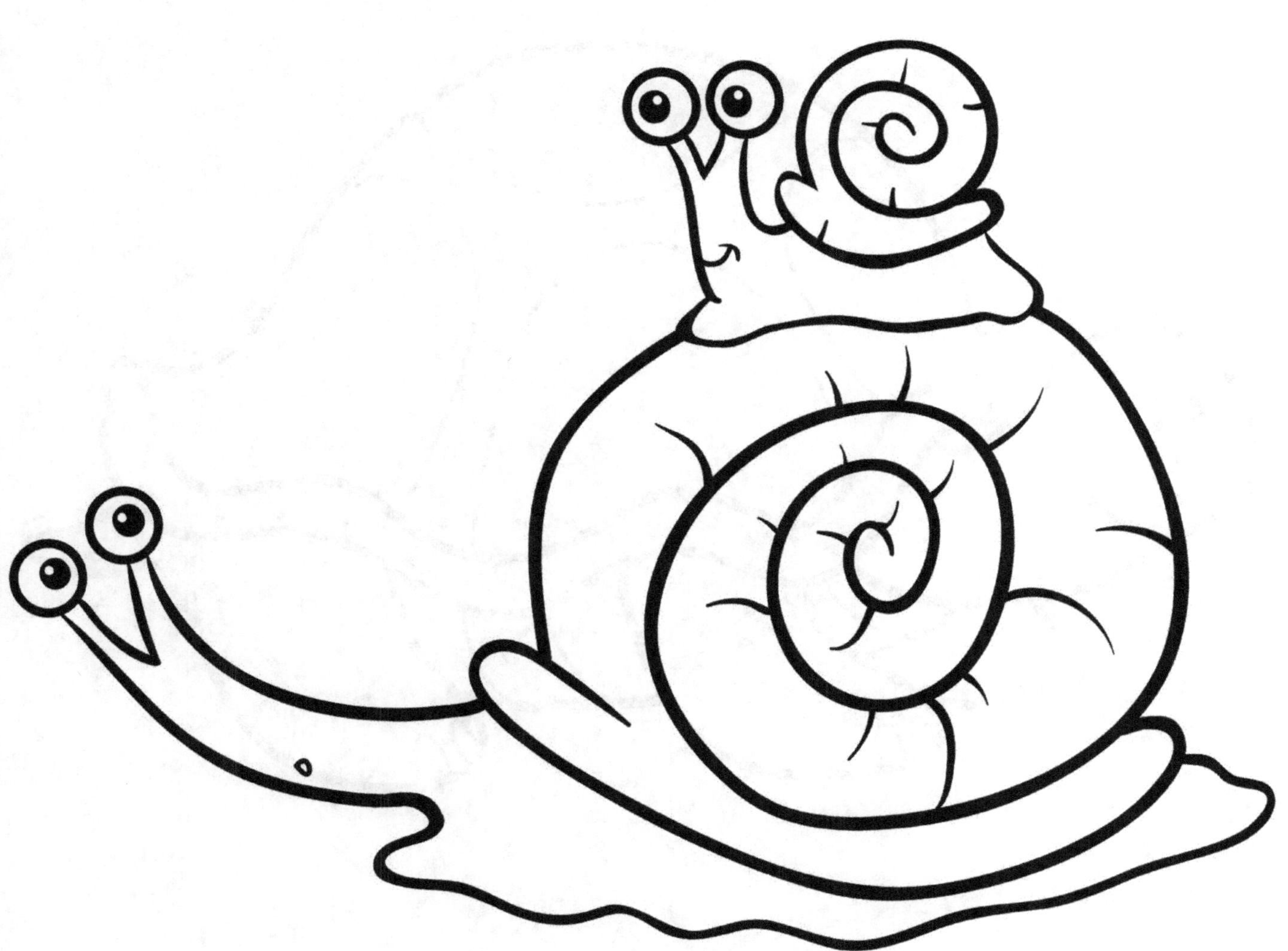

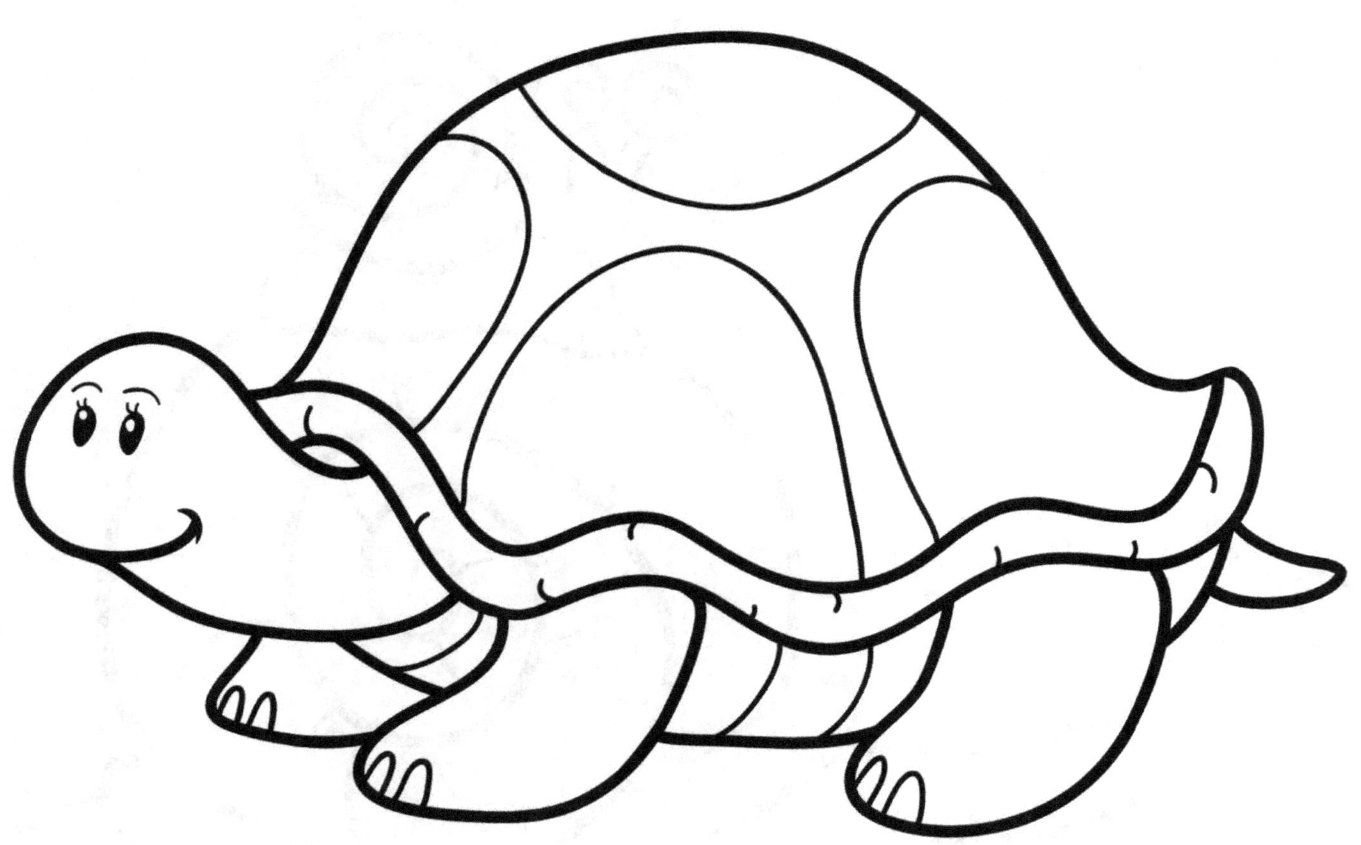

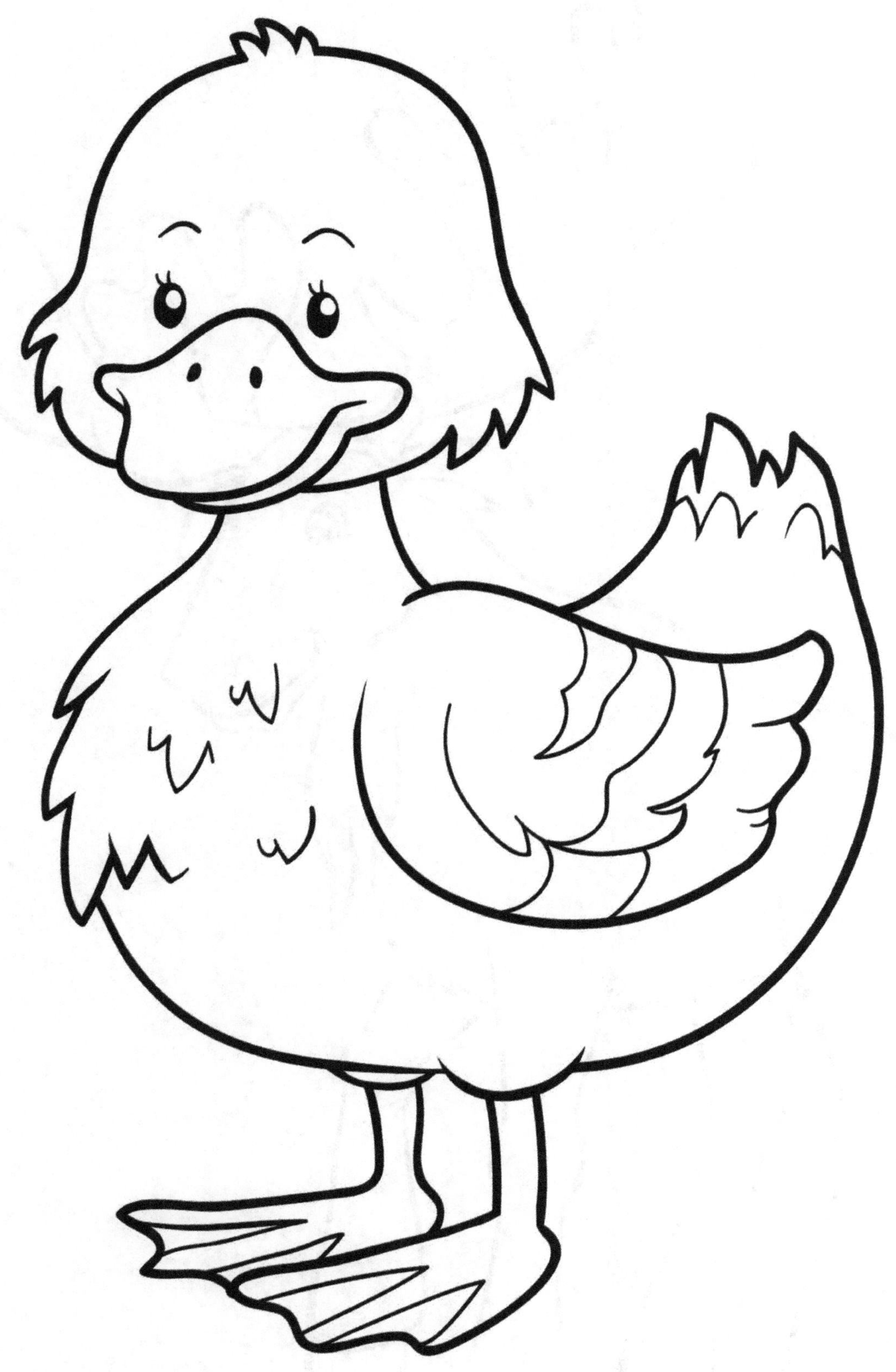

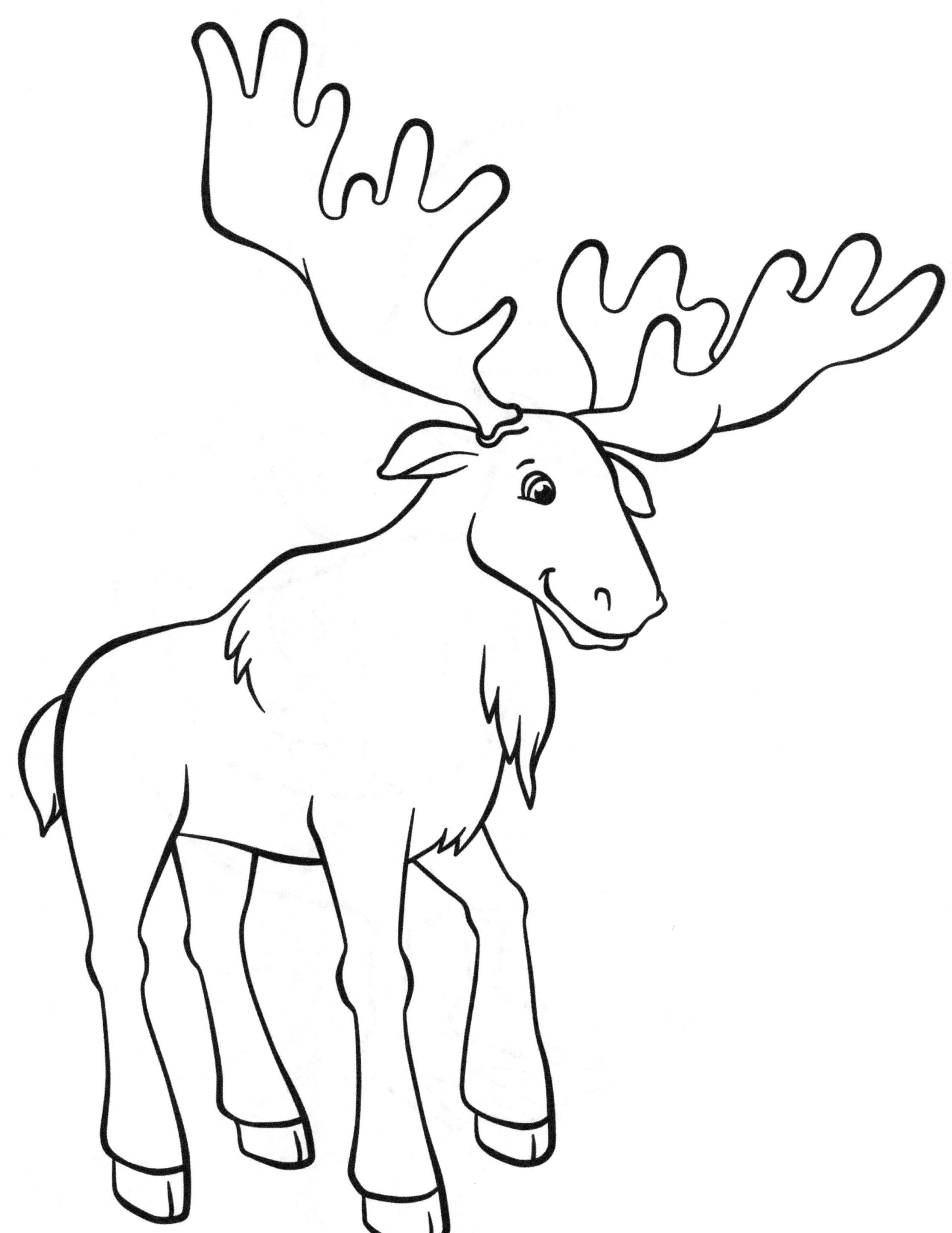

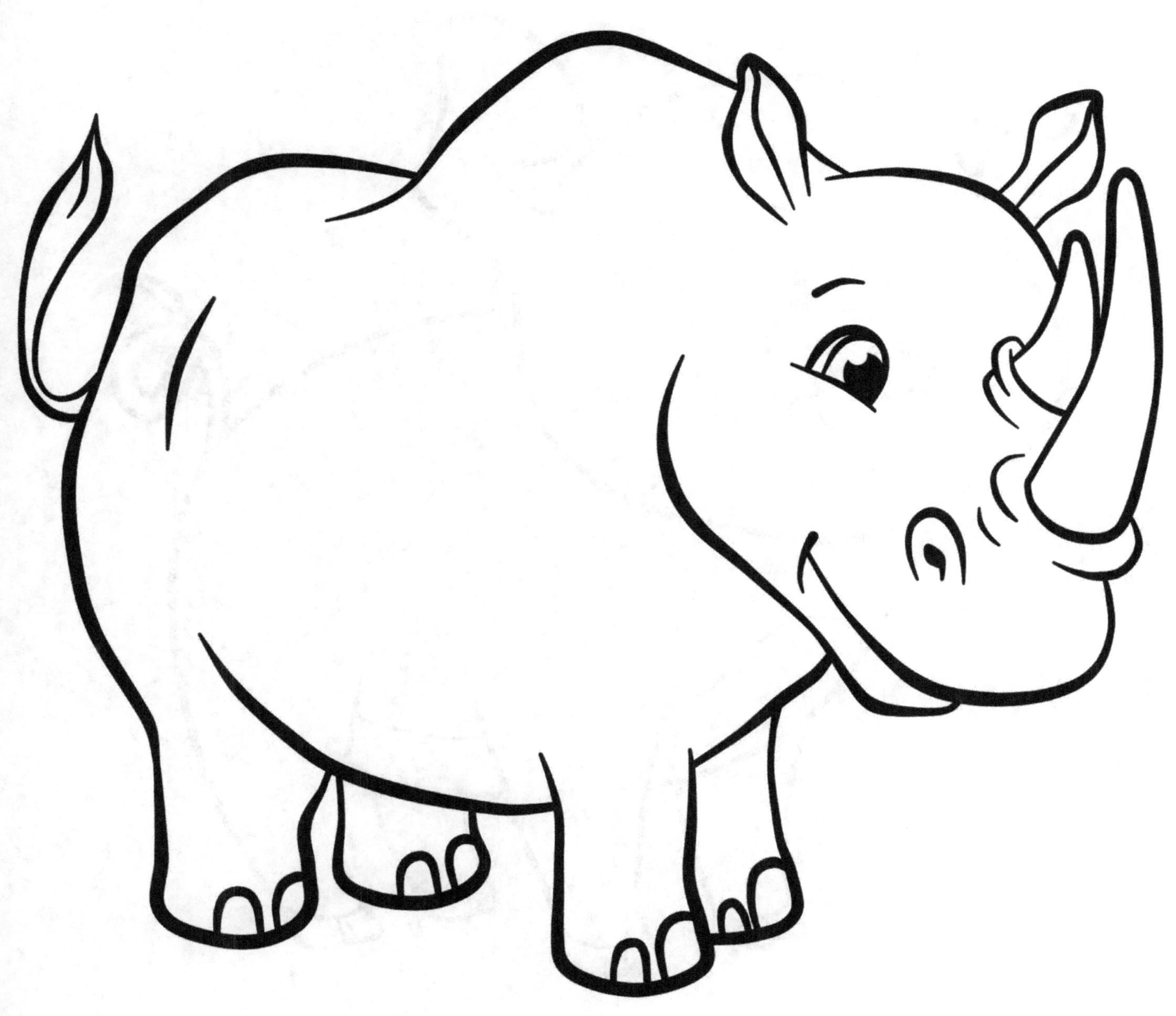

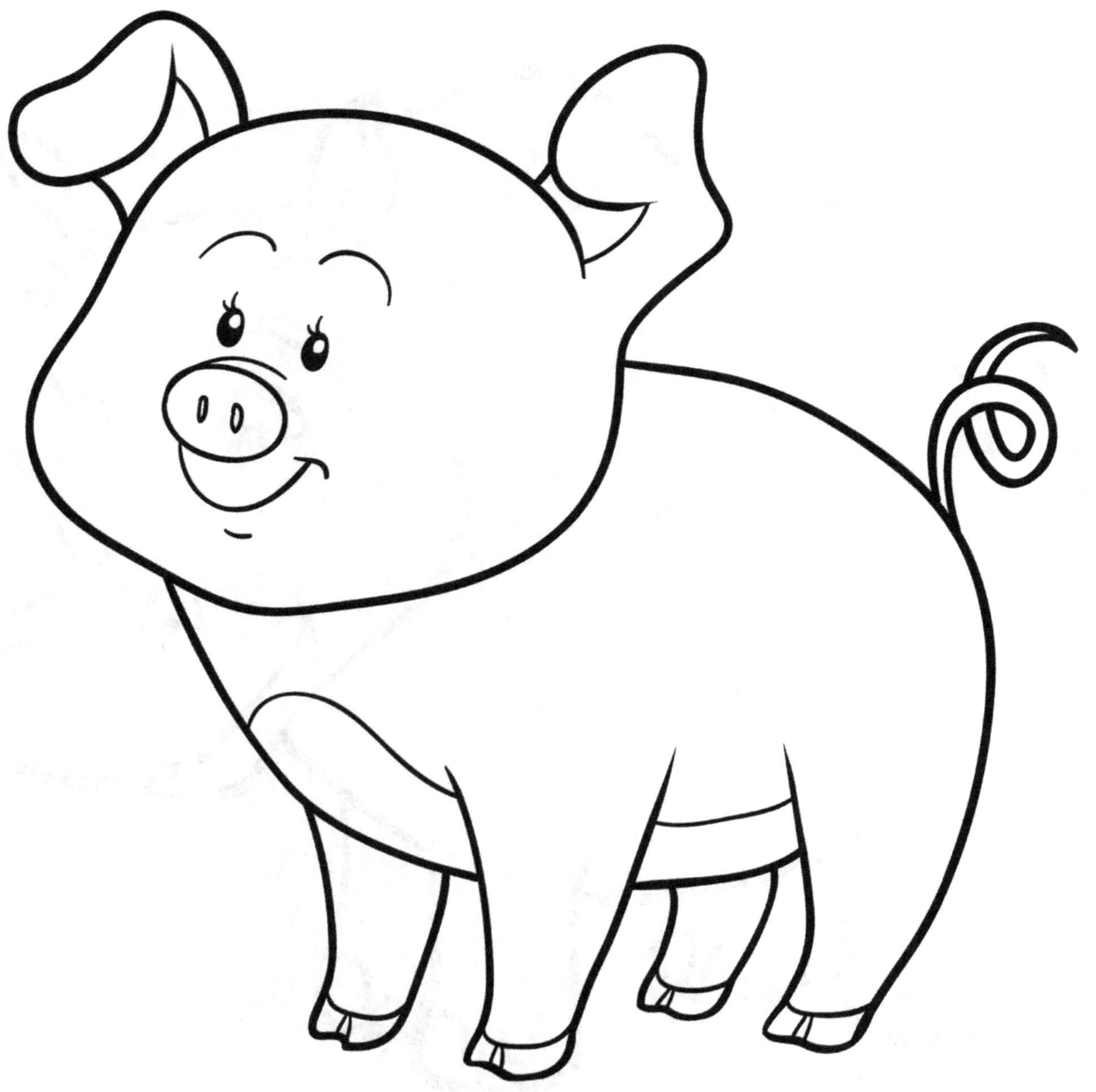

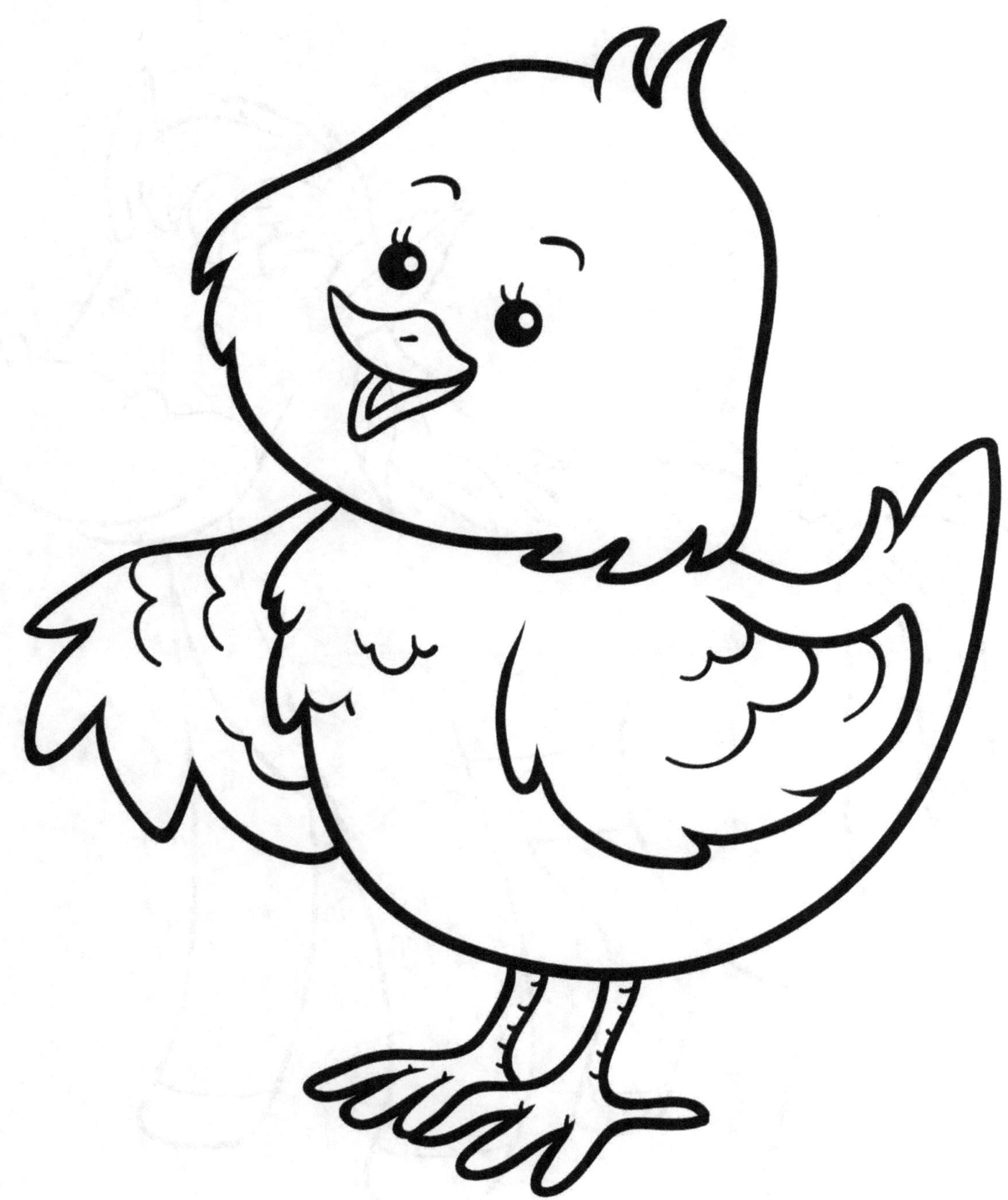

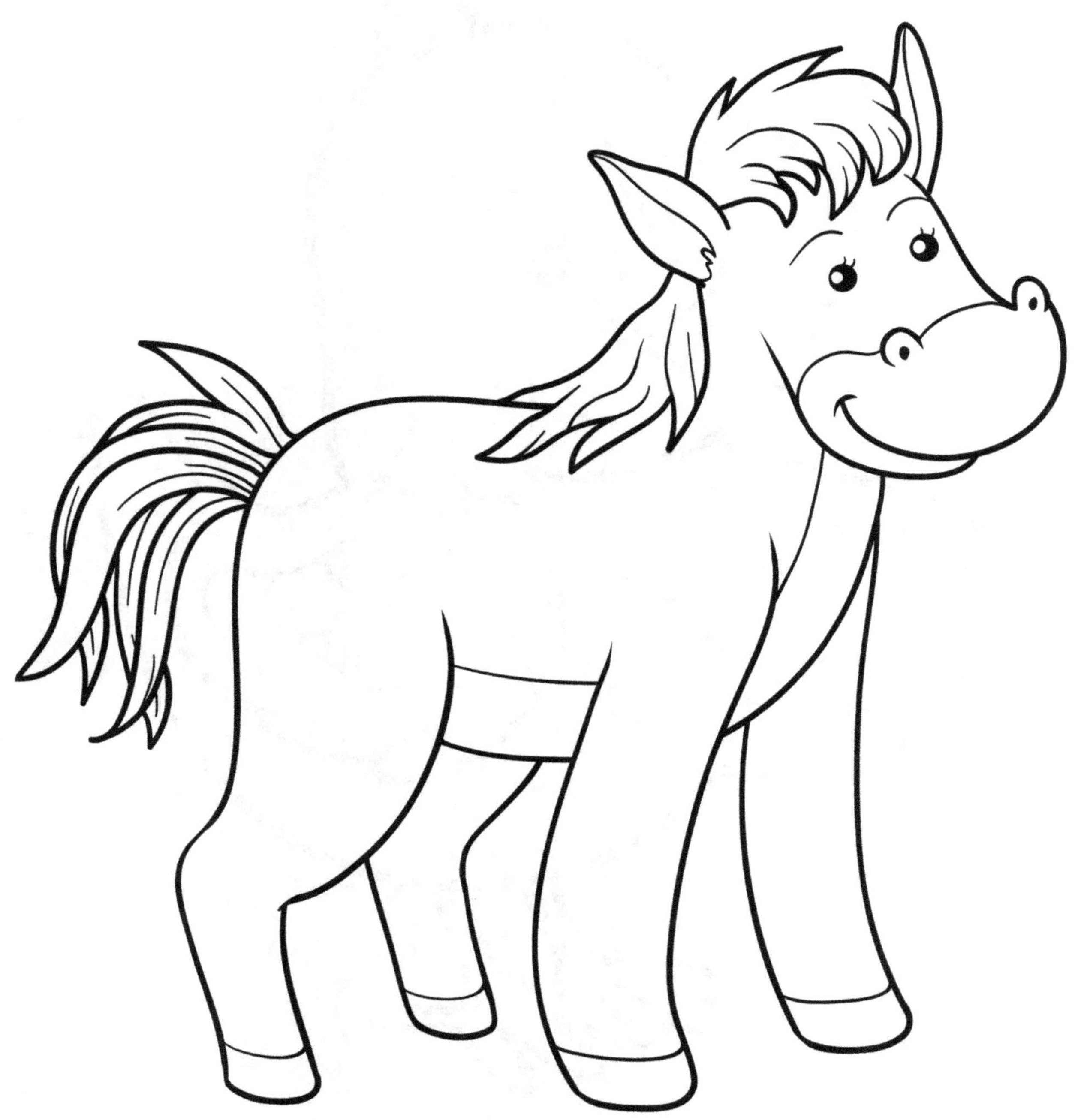

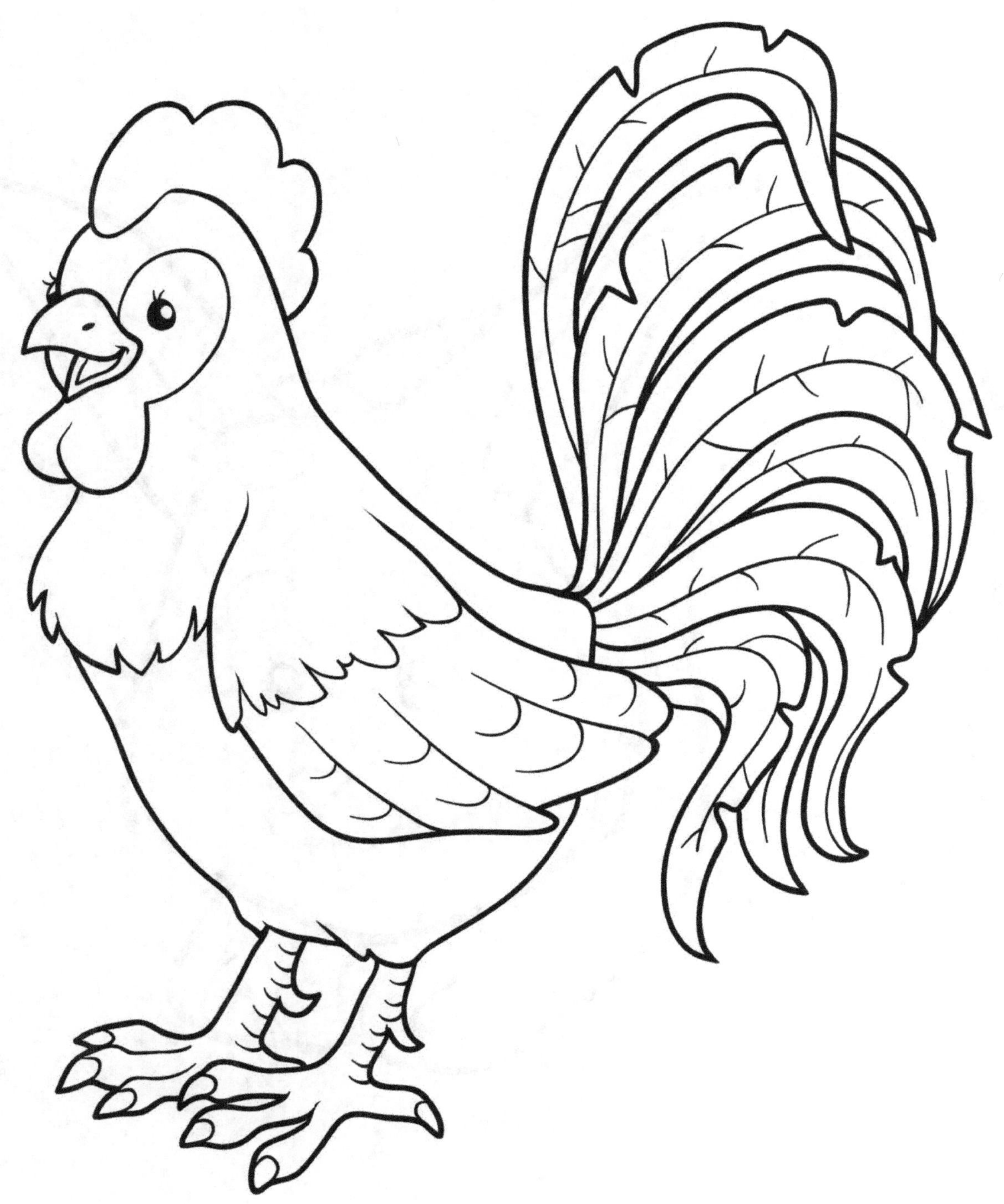

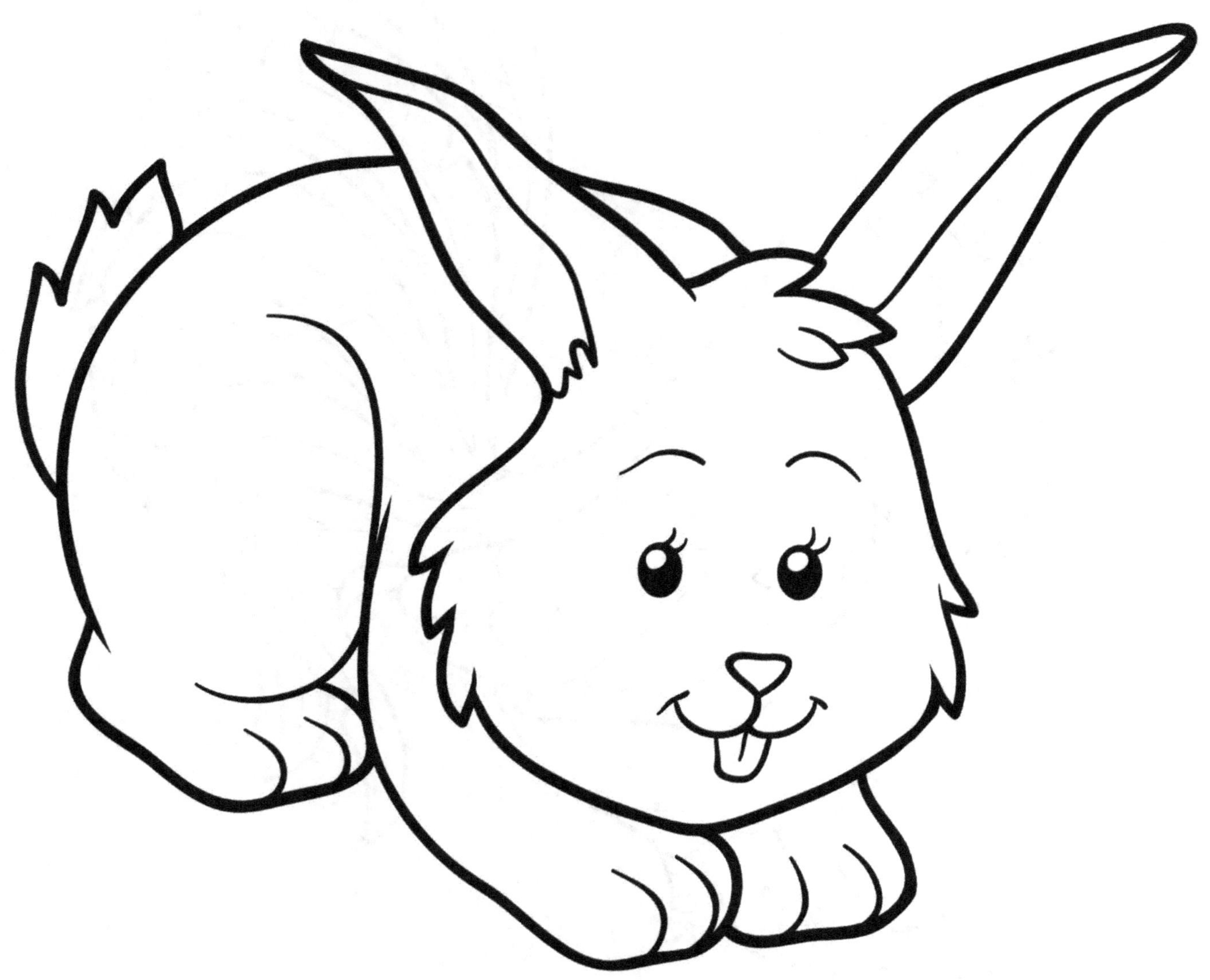

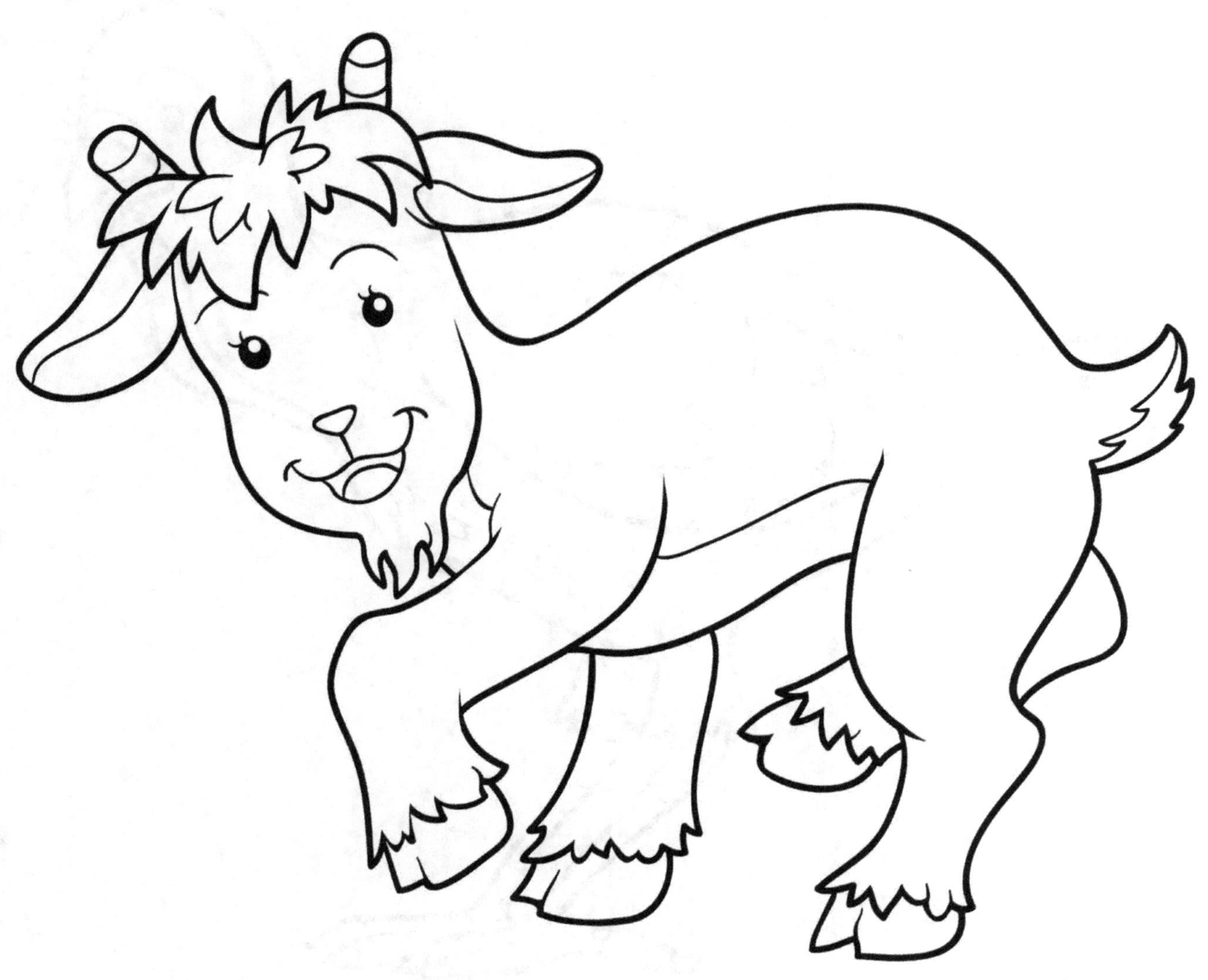

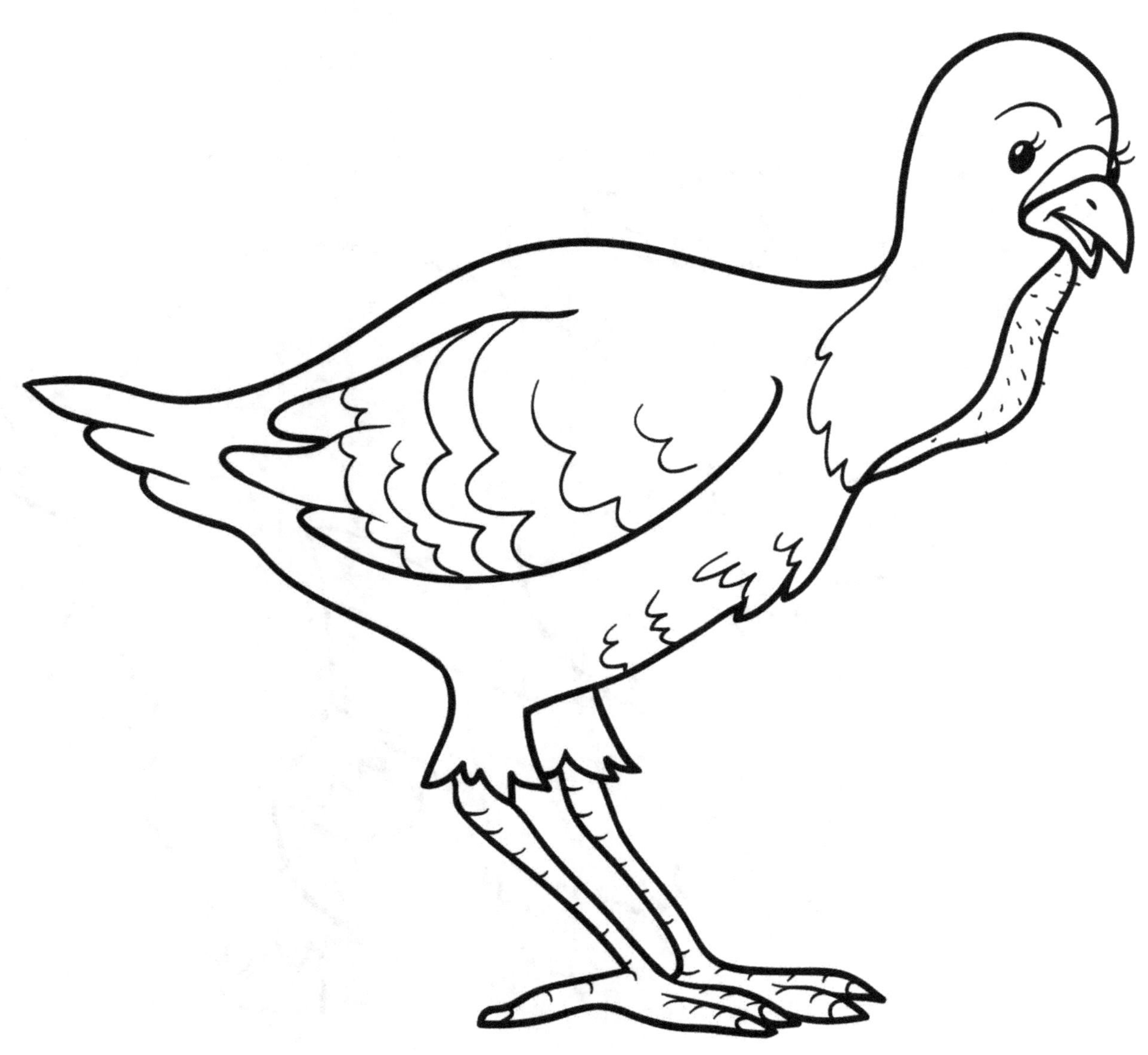

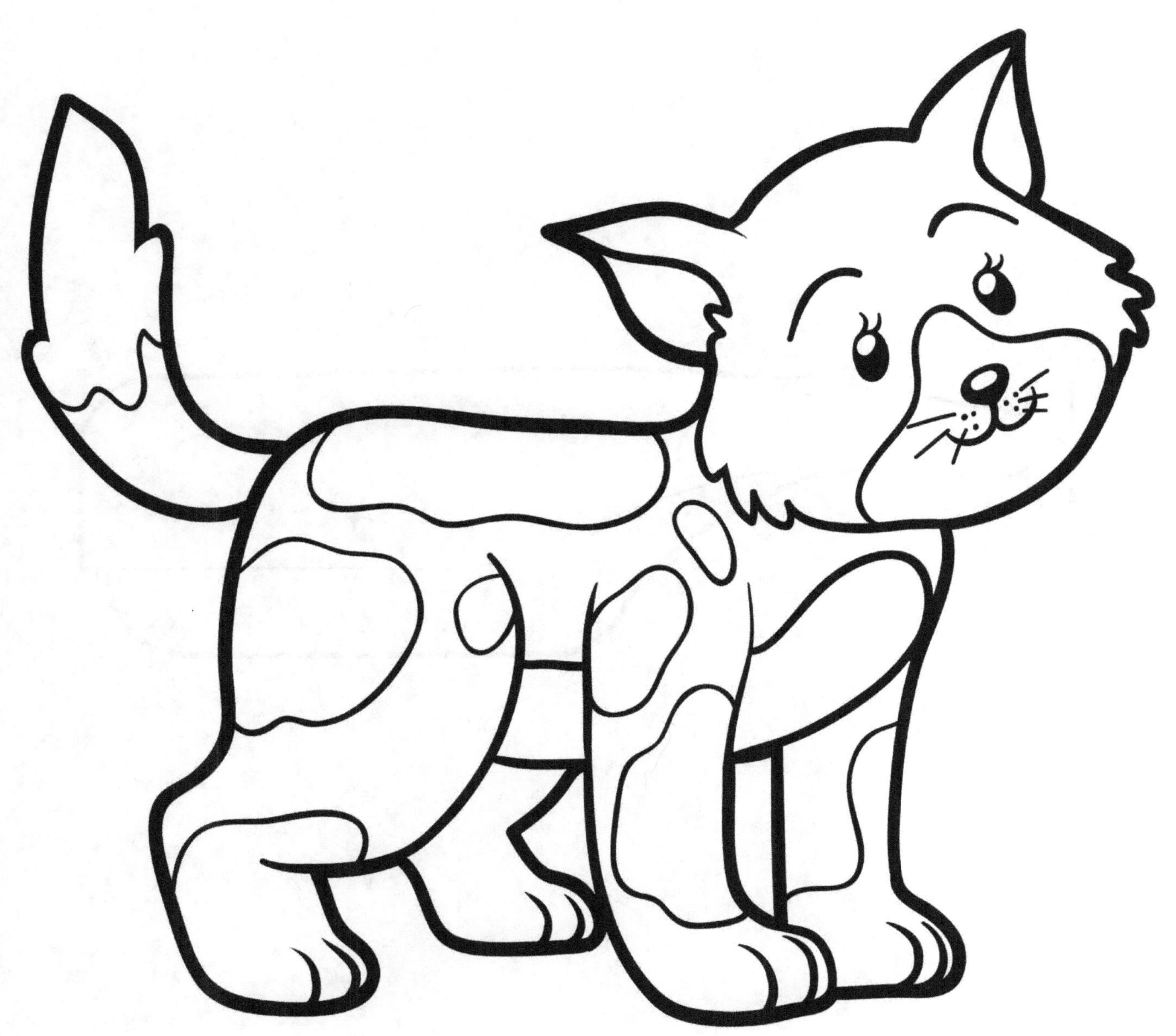

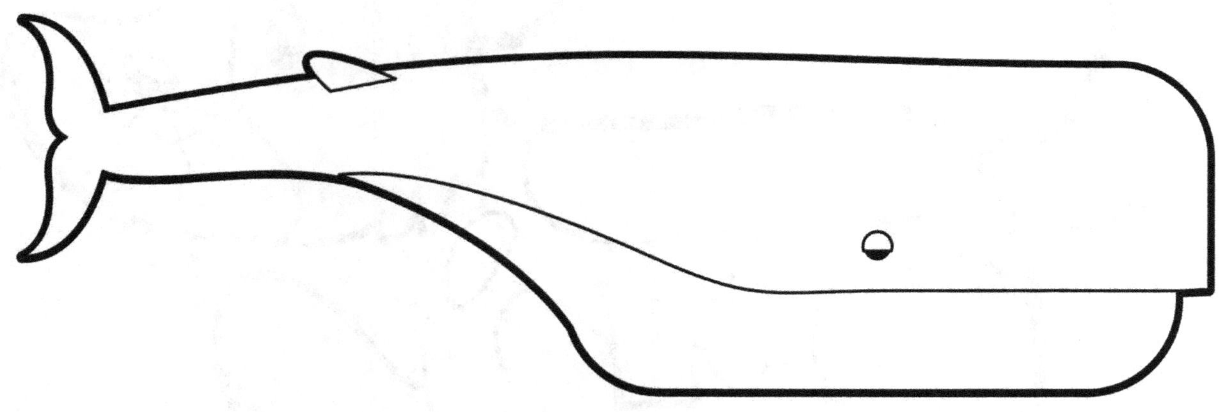

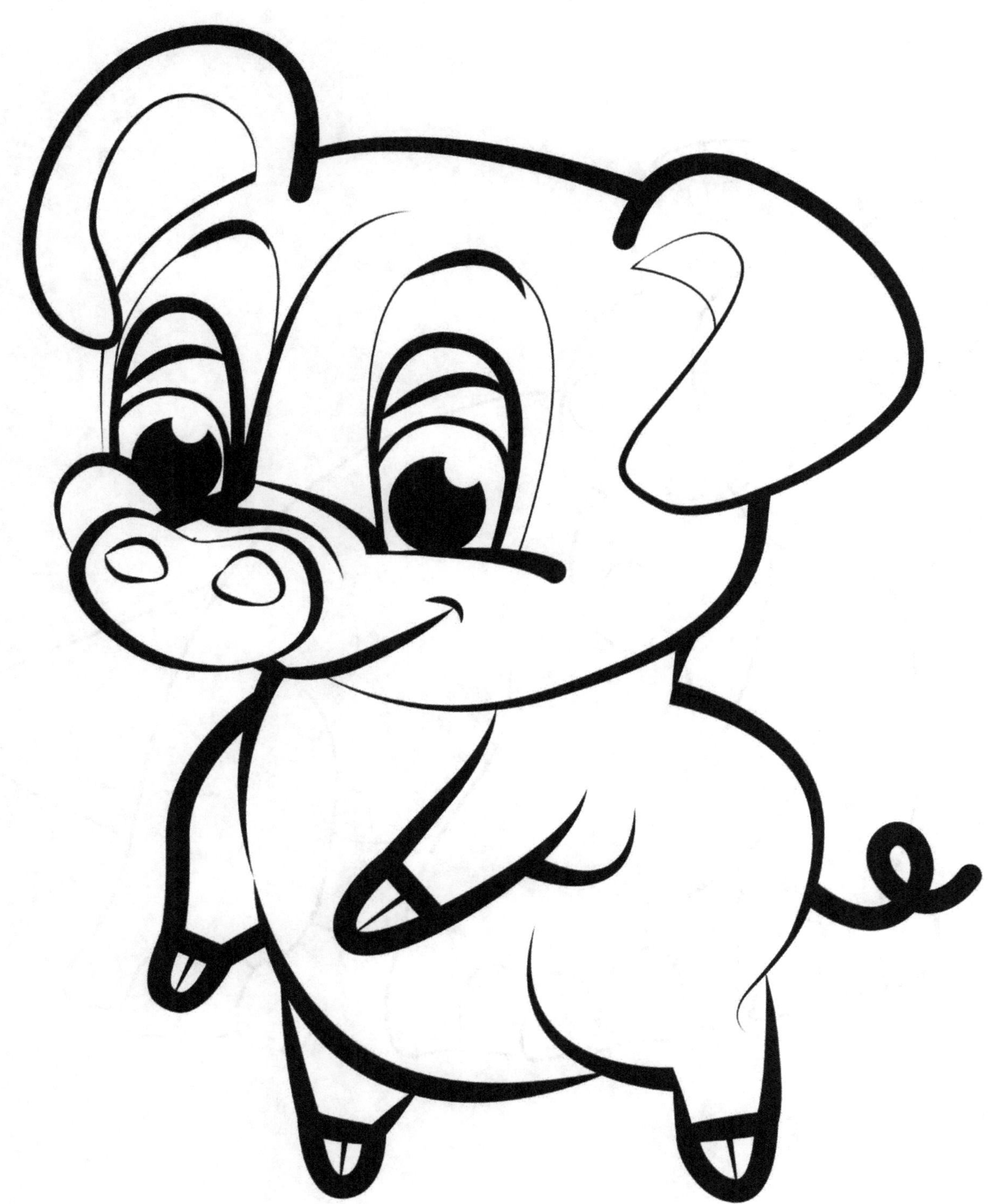

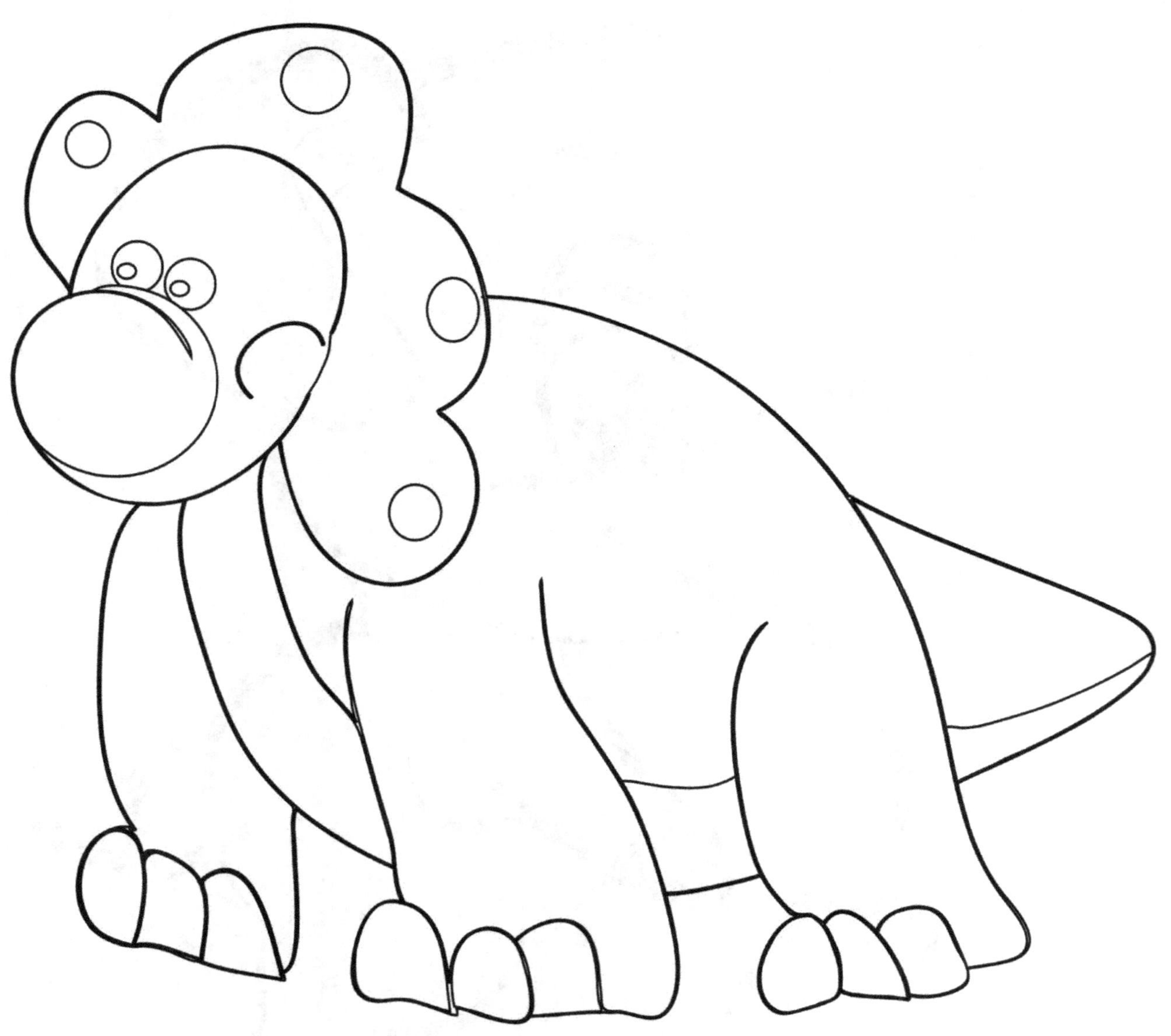

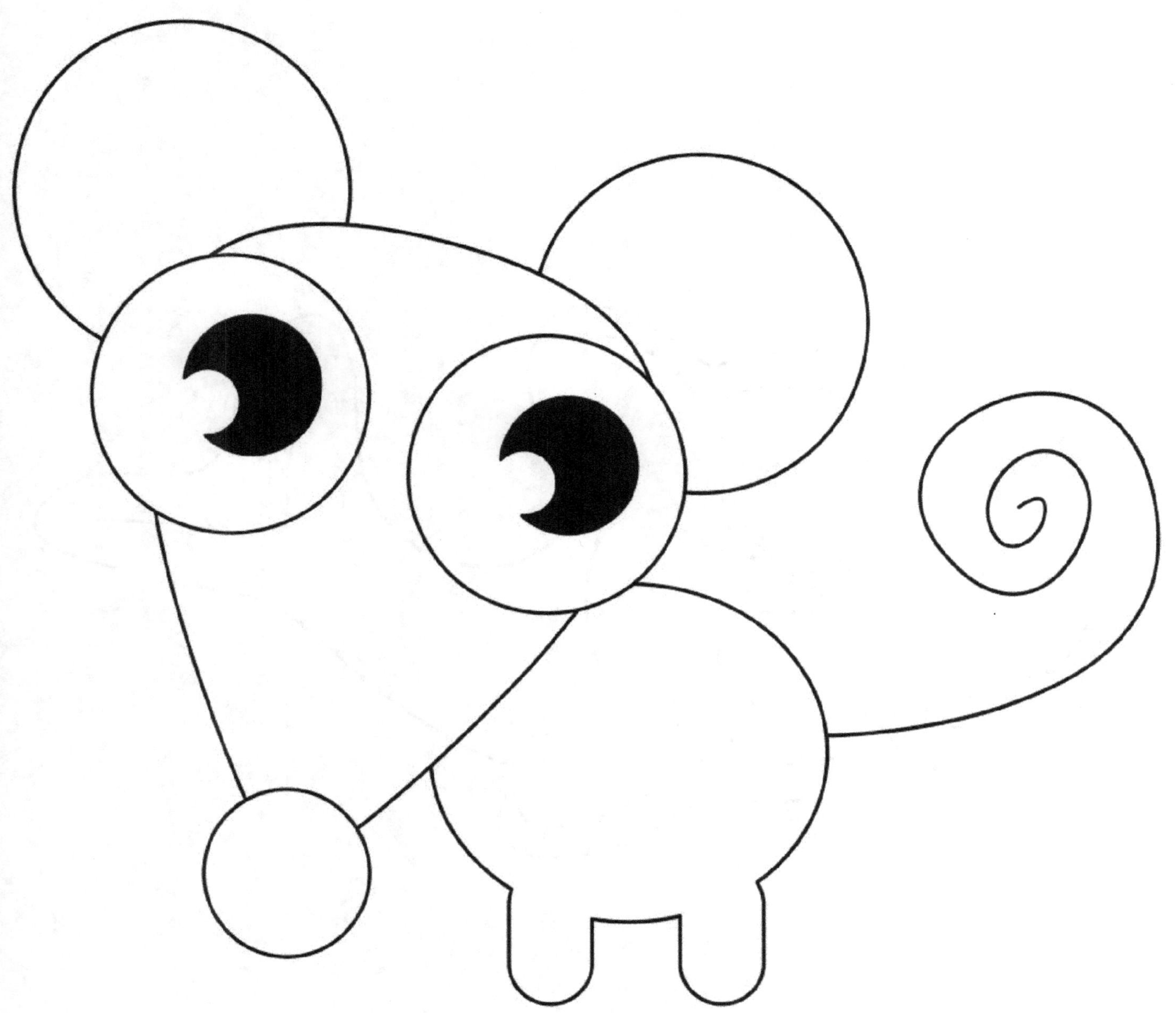

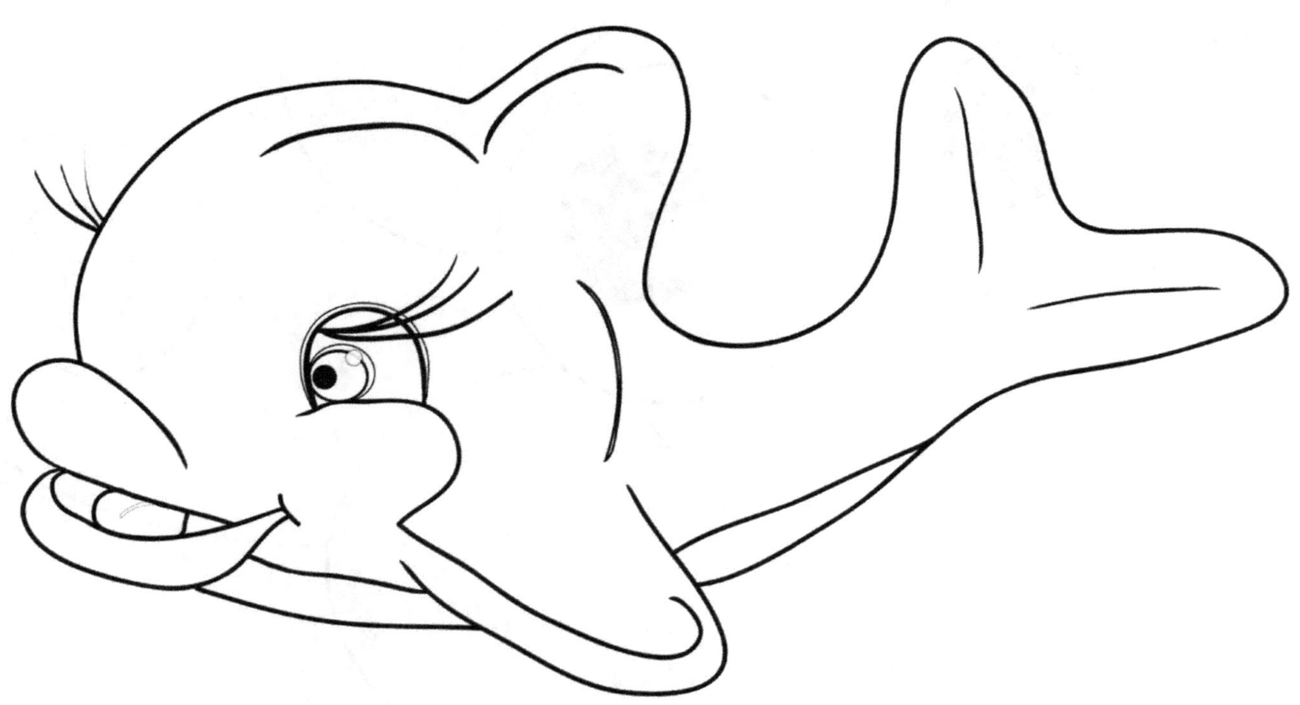

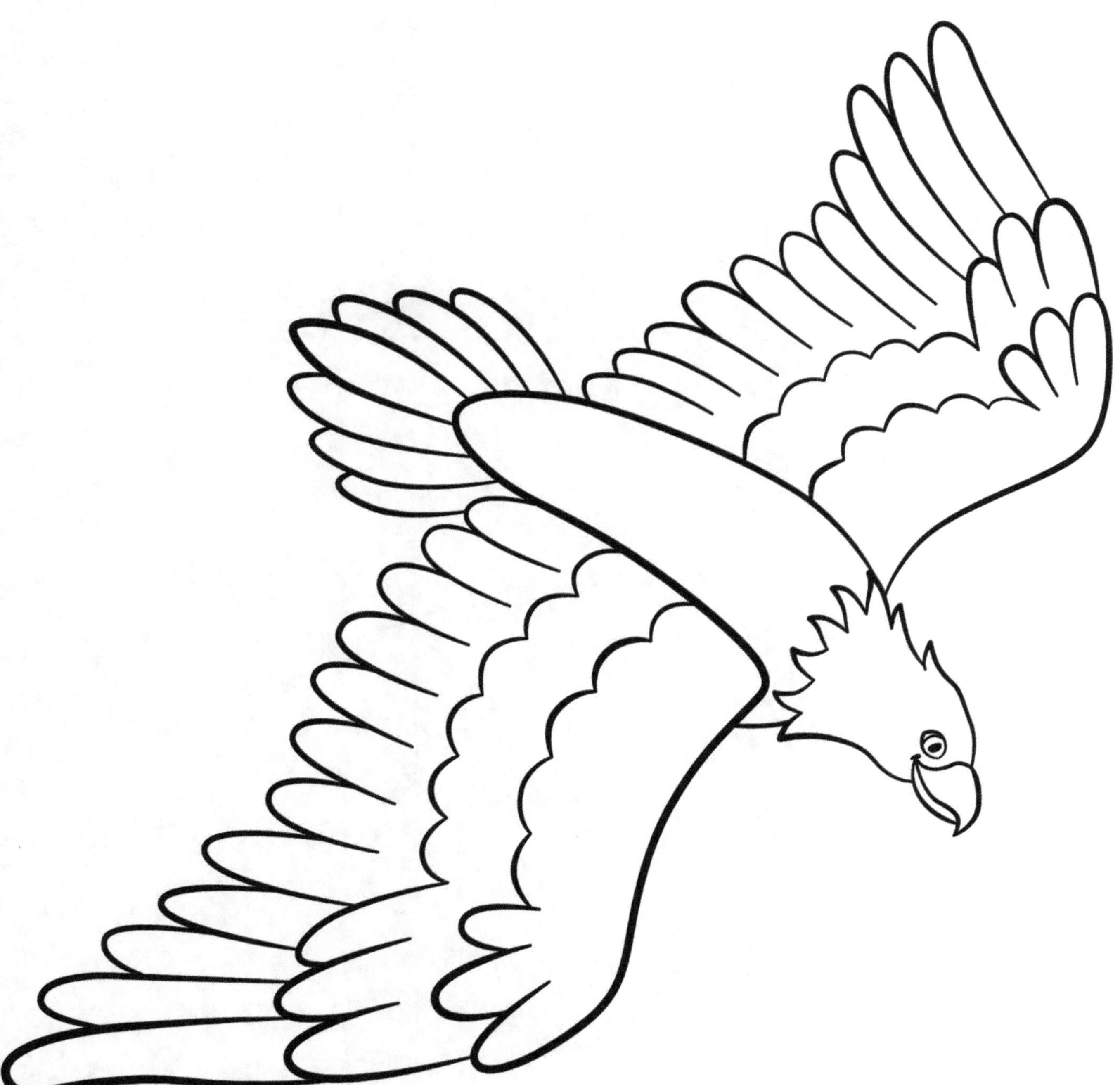